JN060065

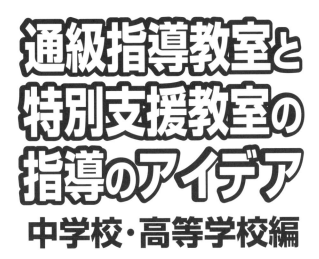

通級指導教室と特別支援教室の指導のアイデア

中学校・高等学校編

月森久江編著

図書文化

まえがき

編者　　月森　久江

　平成19年（2007年）に明治以来の大改革と謳われた「特別支援教育」が始まり，はや14年が経とうとしています。この間，全国の小・中学校の教員対象に２回の調査が行われ，「通常学級に在籍している学習面・行動面で支援を必要とする子ども」の１クラス平均の割合は6.5％（2012年調査）と発表されました。しかし，調査結果をさらに読むと，中学生では支援を受ける生徒が少なくなり，通級指導教室の利用も減っていることがわかります。それは，思春期特有の「みんなと同じでいたい」という思いから，生徒が支援の手を拒んだり，他の生徒と同じように扱ってほしいと平静を装うことが増えるからでしょう。

　思春期になると，子どもたちの精神的な揺らぎや苦悩は大きくなります。二次的な問題の派生も多くなり，学習の遅れからくる自尊感情の低下や自信のなさからくる消極的な態度，価値観の相違からくる孤立感など，様々な課題を抱えがちです。さらに，近年は，愛着の問題や虐待，ネグレクト，増え続ける不登校など，子どもたちを取り巻く社会的・教育的課題も山積みです。

　このように難しい思春期にある生徒たちに，教育マターとして支援の手を差し伸べられるのが通級指導教室や特別支援教室です。しかし，全国の通級指導教室で指導する先生方は一人担任の場合が多く，十分な教員配置がありません。また，その先生方も，専門性の担保など，多様な状態像を示す中学生（高校生）への指導には大変苦慮されています。思春期の生徒たちが，通常の学級に在籍しながら，特別な場で適切な指導や支援をうけることができるシステムの構築とさらなる充実が望まれています。

　そこで本書は，2017年刊行の『通級指導教室と特別支援教室の指導のアイデア小学校編』に続いて，中学校・高等学校における通級指導教室（特別支援教室）についての基本的な知識と支援方法をまとめました。管理職の役割や，アセスメントに使う検査の読み方や個別の指導計画の作成の仕方についても詳しく解説しています。また教科指導として，国語・数学・英語のつまずきに応じた指導方法を取り上げ，思春期の生徒理解と指導の難しい神経発達障害群の中からSLD・ASD・ADHDへの理解と支援方法を取り上げてあります。さらに，どの地でも苦慮する保護者への支援についてきめ細かく記述してあります。

　本書の執筆者は，指導法がなかなか見つからなかった時代から，難しい思春期の生徒への指導に携わり，牽引してこられた先生方ばかりです。専門的知見を交えて，深く広い指導法を具体例や教材を挙げながら解説していただいています。

　教員や支援者，保護者の方々にも広く本書を活用していただき，苦悩を抱える生徒たちへの一助の光になることを願ってやみません。

第1章　通級による指導とは

① 中学校・高等学校における通級による指導とは

② 管理職の責任と役割

③ 思春期のアセスメントと個別の指導計画

第2章 通級における学習指導の アイデア

① つまずきやすい国語の指導

② つまずきやすい数学の指導

③ つまずきやすい外国語の指導

④ 自立活動

第3章 障害特性をふまえた生徒の理解と支援

① SLD の生徒の理解と支援

② ASD の生徒の理解と支援

③ ADHD の生徒の理解と支援

第4章 学校生活全体の充実をめざして

① 学校生活における生徒への支援

② 生徒を理解する

③ 保護者への支援

④ 進路の支援

第1章

通級による指導とは

① 中学校・高等学校における通級による指導とは

通級による指導のねらいと役割
中学校における通級による指導
高等学校における通級による指導

② 管理職の責任と役割

設置校・拠点校になった場合の管理職の心得と役割
在籍校の管理職だからできる支援と役割
校内支援会議のもち方と管理職の役割

③ 思春期のアセスメントと個別の指導計画

アセスメントに使う検査にはどのようなものがあるか
WISC‐ⅣおよびWAIS‐Ⅳの解釈と支援への活かし方
KABC‐Ⅱの解釈と支援への活かし方
事例理解を深めるためにアセスメントバッテリーを組む
情報や検査結果をもとに個別の指導計画を立てる

通級による指導のねらいと役割

１．通級による指導の目的

　通級による指導とは，中学校，高等学校の通常の学級に在籍している，言語障害，情緒障害，弱視，難聴などの障害がある生徒のうち，比較的軽度の障害がある生徒に対して，各教科等の指導は主として通常の学級で行いつつ，個々の障害の状態に応じた特別の指導を通級指導教室のような特別の指導の場で行う教育形態です。通級による指導には，生徒が在籍する学校で指導を受ける自校通級，近隣の学校に通い指導を受ける他校通級，東京都のように指導者が生徒の在籍する学校を訪問して指導を行う巡回指導（特別支援教室）があります。指導の対象は，言語障害者，自閉症者，情緒障害者，弱視者，難聴者，学習障害者，注意欠陥多動性障害者，その他障害のある者です。

　どの障害についても，通常の学級での学習におおむね参加でき，一部特別な指導を必要とする程度のものが対象とされています。これは，中学校の通常の教育課程に加えたり，あるいはその一部に替えたりする等して，特別の教育課程による教育を行うということであり，通常の学級で教育を受けることを基本としているためです。したがって，特別支援学級や特別支援学校に在籍する生徒については通級による指導の対象とはなりません。通級の対象かどうかの判断は，校内委員会などで検討するとともに，専門家チームや巡回相談を活用して十分な客観性をもって判断する必要があります。特に学習障害や注意欠陥多動性障害のある生徒の場合には，通常の学級での配慮や工夫により対応が可能な生徒も多くいることから，通級の対象か否かについては，医学的な診断のみにとらわれず総合的に判断することが大切です。

２．特別の教育課程による特別の指導

　特別の教育課程による特別の指導とは，障害による学習上または生活上の困難を改善または克服することを目的とする特別支援学校の自立活動に相当する指導を指します。特に必要があるときは，各教科の内容を取り扱いながら障害に応じた指導を行うことができますが，これは単に学習の遅れを取り戻すための指導ではなく，自分に合った学び方，学習方略を習得するための指導を意味しています。例えば，読み書き等の学習面に困難さを抱える生徒の場合，失敗経験が積み重なり，学習面のつまずきが生活面や行動面に影響を及ぼしている場合も少なくありません。下がりがちな自己評価や学習意欲を高めることを目標として，通級による指導でみえてきた自分に合った学び方や学習方略の手がかり等を通常の学級における個別的な支援，合理的配慮等へつなげていくことが重要です。個々の生徒の実態に応じた個別の指導計画に基づいて指導は行われます。

　通級による指導が通常の学級における指導や支援につながり，在籍する学級での適応状

態が改善している事例も多くみられますが，一方で，トレーニング的要素が強く，指導の成果が通級指導教室だけにとどまっている場合もみられる現状があります。

3．通級による指導を通常の学級に活かす

通級による指導と在籍級の指導との関係は，以下のように述べられています。

「通常の学級においても，障害の状態等について正しい理解と認識をもちながら指導上配慮していく必要があり，通級の担当教員が，通常の学級の担任等に対してそのための助言を行うことも必要である。特に，他校通級の場合には，通級の担当教員が定期的に在籍校を訪問することも必要である。このような情報交換，助言，学校訪問などの活動は通級による指導を効果的に行うために必要不可欠なものであり，通級の担当教員の重要な職務の一環として位置付けられる必要がある。」

——平成4年3月「通級による指導に関する充実方策について（審議のまとめ）」より

このように，在籍する通常の学級の担任と通級による指導の担当教員とが学習の進捗状況等について情報交換を行い，通級による指導の効果が通常の学級においても波及することを目指します。また，在籍する学校の校長は，特別の指導を行う学校の校長と十分協議の上で教育課程を編成し，定期的に情報交換を行い，教育課程の編成，実施，評価，改善を行うことが望まれます。

そして，通級による指導を通常の学級に活かすためには，実態の共通理解をもとに，障害特性による困難さだけでなく，学級集団における学習面や生活面等の困難さも考慮して指導内容を選定することが必要です。学びやすい教材・教具やプリント類，自信や意欲を高める言葉かけや評価方法などを共有化します。通級による指導の分かりやすい指導・支援は，通常の学級の他の生徒にとっても分かりやすい指導・支援になり，困難を抱える生徒を大切に思う心が，お互いを支え合う学級づくりにもつながっていきます。情報を共有化し，生活環境の適合化，安定化を図るために，環境に個人を合わせる視点と環境を個人に合わせる視点の両面が重要になります。

通級による指導は，障害があるから受けるのではなく，特別な教育的ニーズがある生徒に対し，個別的な指導により効果が期待される場合にその必要性が検討されます。在籍する通常の学級の生活の場において，学習上または生活上の困難が改善されれば教育的ニーズは減少していきます。通級による指導の充実だけでなく，学校全体で障害のある生徒に対して十分な教育が保障できるような支援体制づくりを進めていくことも通級の担当教員の大きな役割になります。

中学校における通級による指導

1．中学校における通級による指導の現状

　文部科学省の通級による指導実施状況調査によれば，2018年5月1日現在，通級による指導を受けている児童生徒数が，全体で123,095人（小学校108,306人，中学校14,281人，高等学校508人）であり，中学校で指導を受けている生徒は全体の約12％です。障害種別では，小学校は言語障害が全体の35％と最も多く，中学校では自閉症，学習障害，注意欠陥多動障害の3つを合わせると発達障害が約75％を占めています。早期からのスクリーニングにより，構音障害や吃音，言語発達遅滞に対する言語指導，コミュニケーション指導等に焦点が絞りやすい言語障害に比べ，発達障害は発達段階により適応状態に影響する問題が変化する場合があり，生活環境も不適応の要因として大きく関与することから，指導のねらいが絞りにくいところがあります。

　発達障害等の特別な教育的ニーズのある生徒は，小学校の時からすでに様々な失敗経験や困難を経験してきています。小学校において適切な指導と必要な支援が行われないまま中学校に進学している場合は，学習意欲や自信を失い，自己肯定感や自己効力感，自己評価も低くなっていることも多くみられます。そのため学習支援のみならず思春期の発達や精神面の変化等に配慮し，生徒一人一人の困難・ニーズに応じた支援が必要となります。教科によりあるいは場面により状態は異なる場合もあるので留意が必要です。生徒指導の視点から行動面が注目されやすく，学習面への指導が必要な生徒への対応は遅れがちになるという問題もあります。また，核となる問題がみえにくくなり，周囲も理解しにくい状況がでてきます。中学校における通級による指導では，学習面や生活面，対人関係に関する指導に加え，思春期の発達や心理面のフォローを踏まえた指導が求められます。様々な角度からアセスメントを行い，指導を計画・実践・評価することになりますが，これまで体系化されたものはなく，通級の担当教員個々の力量に委ねられている現状にあります。

2．チーム支援における通級の担当教員の役割

　小学校は学級担任制であり，一人の教員がほとんどの授業を受け持ち，生活指導も含め学級経営全般を担います。中学校になると教科担任制となり，教科ごとに授業を担当する教員が変わり，教員と生徒が一対一でかかわる時間は限られてきます。特別な教育的ニーズのある生徒への支援は，学級担任を中心に各教科の担当教員が話し合いながら，学年体制で支援を考えていくことになります。中学校では教職員の共通理解のもと組織的，計画的なチーム支援がより重要になります。通級の担当教員には，指導力，相談力に加え，生徒が安心，安定した状態で学校生活を送ることができるよう校内支援体制づくりのコンサルテーションの力量も求められます。

3．中学校における生徒の支援ニーズ

　思春期から青年期は，身近な大人との関係や友達関係の中で，あるいはこれまでの自分の経験を通して，直面する課題に対する自己解決能力を高めていく時期です。しかし，発達障害等の特別な教育的ニーズのある生徒の場合は，不安や悩みを身近な人に伝えたり，他者に援助を求めたり，過去の経験に照らして自分なりの工夫をしてみたりする等の自己解決能力が身についていない場合が多くみられます。ストレスへの対処や耐性の弱さも大きな適応上の課題となります。失敗を成功に変えていく経験の不足は，失敗に対する過敏さ，気持ちの切り替えの拙さ，否定的なものの考え方にもつながります。こうした不全感の蓄積は，はじめから取り組もうとしなかったり，周りに知られないように振る舞ったりすることにより，長く適応困難な状態が続いていても，未診断，未支援のまま支援の必要性に気づかれないで進学している場合もあります。こうした生徒の心理的負担への配慮はとても重要です。拙速な結論を求めず，じっくりと時間をかけて本人や保護者と継続的に相談や話し合いの機会をもつことにも留意が必要です。

4．通級の担当者へのアンケートからみえた課題

　経験豊富な全国の通級担当者および指導主事等から情報収集を行った結果から少し述べてみます。中学校における通級による指導の課題として，「対象となる思春期にある生徒のニーズ把握の難しさ」「教科担任制である教師の気づきのシステム」「通級の担当教員の専門性」「生徒指導や教育相談対応と通級による指導の位置づけ」「通級による指導の理解と周知の不足」などがあげられました。生徒側の課題としては，中学校では人とのかかわりやコミュニケーション能力の影響が大きくなり，困っていることや嫌なことを発信できないと孤立感を生じやすいことがあげられました。特に生徒同士のつながりが強くなる部活の人間関係は大きいようです。通級により授業を抜けることへの抵抗感，部活や学校行事等で学校を抜けられない状況も多いことがわかりました。制服の異なる他校への通級はさらに心理的な負担感が大きく，対策として，教育センター等に通級指導教室を設置し，担当教員も生徒も通う形で実施している地域もあります。教師側の課題としては，不適応行動が目立つ生徒には気づくが，静かに困っている生徒には気づきにくいことがあげられました。また，障害特性によるものかどうかの判断がむずかしく，旧来の生徒指導対応が多いこともわかりました。ベテラン教員ほど集団を崩さないという意識も強く，生徒に対する見立ての個人差も大きいようです。通級を利用している生徒を中心とした学級経営は，その生徒が特別視されやすい側面もあるので，周りの生徒も含めた支援の中で，居心地がよい程度のさりげない支援がよいということも大事な視点だと思います。

高等学校における通級による指導

1．通級による指導の制度化の意義

　高等学校における特別支援教育の推進に関する調査研究協力者会議「高等学校における通級による指導の制度化及び充実方策について（報告）」（平成28年3月）を受け，平成28年12月に学校教育法施行規則の一部が改正され，平成30年4月より制度が開始されました。報告では，「通級による指導の導入は，障害のある生徒を特別な場に追いやるものであってはならない。障害のある生徒の自立や社会参加に向けた主体的な取組を支援するという視点に立ち，一人一人の教育的ニーズを把握し，その持てる力を高め，障害による学習上又は生活上の困難を改善又は克服するための適切な指導及び必要な支援を行うという特別支援教育の基本理念を改めて認識し，障害のある生徒の在籍する全ての高等学校において，特別支援教育が一層推進されることを期待する」とされています。教育課程の編成，単位による履修・修得，卒業認定制度，必履修教科・科目，全日制・定時制および通信制といった課程や学科など小学校，中学校とは異なる点も多くなります。高等学校の特徴を十分に踏まえて制度を設計する必要があります。

2．特別の教育課程の編成と単位認定

　高等学校では，卒業までに74単位以上修得することにより卒業資格が認められます。通級による指導における自立活動の指導は，教育課程に加えることやまたはその一部に替えることができ，年間7単位を超えない範囲で必要な単位数に加えることができます。自立活動以外の指導では，個別の指導計画に基づき履修し，目標が達成されたと認められる場合に単位認定されます。新しい学習指導要領では以下のように示されています。各教科・科目の評価が各教科・科目の目標に照らして所定の単位習得を認定するのに対し，個人内評価が適用されているのが通級による指導の大きな特徴といえます。

・生徒が学校の定める個別の指導計画に従って通級による指導を履修し，その成果が個別に設定された指導目標からみて満足できると認められる場合には，当該学校の単位を修得したことを認定しなければならない。

・生徒が通級による指導を2以上の年次にわたって履修したときは，各年次ごとに当該学校の単位を修得したことを認定することを原則とする。ただし，年度途中から通級による指導を開始するなど，特定の年度における授業時数が，1単位として計算する標準の単位時間に満たない場合は，次年度以降に通級による指導の時間を設定し，2以上の年次にわたる授業時数を合算して単位の修得の認定を行うことができる。また，単位の修得の認定を学期の区分ごとに行うことができる。

3．導入段階における課題

　高等学校における通級による指導は，はじめての特別支援教育に関する制度であり，定着までには時間がかかると思われます。導入から拡充，定着，充実を図っていくためには，計画的，段階的に制度運用を進めていく必要があります。国立特別支援教育総合研究所（2018）では，導入段階の課題を以下のようにまとめています。

---

①通級による指導の位置づけ
②特別の教育課程の編成，評価と単位認定の在り方
③生活，学習，就労に関する指導内容と個別の指導計画の作成，活用
④対象生徒のニーズ把握と通級の必要性の判断
⑤自立活動と個別の指導計画に関する専門性を有する教員の養成配置
⑥実施校及び自校通級，他校通級，巡回指導などの実施形態の決定
⑦通級による指導と通常の学級との連携，校内支援体制の充実
⑧制度に関する正しい情報の説明と周知

4．今後に期待される方向性

　国立特別支援教育総合研究所（2018）が実施した教育委員会アンケートでは，期待される成果として，「個に応じた相談，指導・支援が受けられるようになる」「社会性，コミュニケーション能力が高まる」「対人関係が円滑になり集団参加がスムーズになる」「自己理解が促進される」等が挙げられました。教師や学校にとっても，「個々の生徒の実態に応じた指導・支援に関する理解が深まる」「個々の生徒の実態に応じた進路指導や生徒指導を進めることができる」「校内支援体制づくりが推進される」「どの生徒にも学びやすい環境が整備される」「関係機関とのネットワークづくりが進む」等が挙げられました。

　高等学校における通級による指導においては，生徒の自尊感情や自己理解，二次的な障害に関する予防的対応等の視点も重要です。生徒の気持ちを日常的に受け止め，心理面，情緒面の対応ができる場としての役割も望まれます。通級による指導が高等学校に定着することにより，教職員の共通理解の下，校内支援体制が整備され，様々な特別な教育的ニーズのある生徒の自立と社会参加に向けた指導・支援の充実につながることが期待されます。高等学校の大きな役割は，社会人基礎力の育成です。生徒の支援ニーズへ気づき，個々のニーズに応じた支援を行うことにより，社会人として生きる力を育てるという視点が大切です。適応状態の改善に向けて，自己肯定感，自己効力感を高め，自分なりの生き方に関する自己理解を促し，自らが主体的に学んでいく力をつけることを支援することが，高等学校における通級による指導の大きな目的であると考えられます。

設置校・拠点校になった場合の管理職の心得と役割

1. 設置校・拠点校の管理職の責任

通級による指導（以下，通級指導）を行う教員・教室が配置されている学校を設置校，通級指導を巡回して行う教員がいる学校を拠点校といいます。

設置校では，その学校の通級指導教室担当教員（以下，通級担当教員）が，自校通級だけでなく，他校から通級指導を受けに来る（他校通級）生徒へも指導を行います。また，拠点校の通級担当教員は，その学校で通級指導を受ける生徒だけでなく，巡回する先の学校においても通級指導を受ける生徒へ指導を行います。このように，設置校や拠点校の通級担当教員は，自身の勤務校の生徒だけでなく，他校の生徒への指導にも責任を持つことになり，自ずとこれらの学校の管理職にも同様の責任が求められることになります。したがって，設置校・拠点校の管理職が，意義や良さを十分理解した上で通級指導を運用しているかどうかによって，そこで行われる通級指導の教育効果は大きく左右されるといえます。

2. 設置校・拠点校の環境整備

管理職の最も大きな役割は，通級指導教室の環境を整えることです。ここでは，人的環境（通級担当教員の力量）と，物的環境（教室や教材の整備）の2点から述べてみます。

（1）人的環境（担当教員の力量の向上）

通級指導を左右する大きな要因として，通級担当教員の力量があげられるでしょう。この力量には，担当する障害種に応じた指導力と，通級指導というシステムの運用力が含まれますが，担当した当初からこれらに高い専門性を持つ教員はいません。

現行では，通常学校の特別支援学級や通級指導に特化した教員免許はありません。通級指導の対象となる様々な障害種に対する教育については，その多くを，担当した教員が研修により身につけていくことになります。それまでの教職経験を生かして対応できることもあるでしょうが，多くの通級担当教員は，通級指導での「限られた時間内で教育効果を上げる」という期待に応えるため，自身の専門性をさらに高めたいと考えています。

管理職にはこのような教員の思いを尊重し，研修の意義を認めて可能な限りその機会を保障することが求められます。その学校の問題だけでなく，「地域の特別支援教育の中核」としての認識を持ち，ぜひ年単位の時間をかけて通級担当教員を育ててほしいと思います。

また，通級指導というシステムは，「『設置校・拠点校』と『在籍校』」という学校同士の関係の中で行われることから，教育委員会への提出書類を含め，学校長の名の下に進む事務的な手続きが多くあります。その書類を通級担当教員が作成する際，管理職が助言などのサポートをすることが大切です。特に，初めて通級担当教員となった年度は，提出書類の作成と生徒への対応とが重なって大きな負担となるため，管理職のサポートは，通級

担当教員にとって大変心強いものです。ひいては通級生への適切な対応へとつながります。

（2）物的環境（教室や教材の整備）

　設置校となることが決まったら，学校内のどこに通級指導教室を配置するのかが，最も大きな課題となるでしょう。巡回指導の教室配置も同じです。教室への出入口や導線にも，中学生・高校生という生徒の発達段階や自校・他校通級といった点からいろいろな配慮が求められます。あわせて，このような配慮の必要性を校内の全職員が理解し，また，全校生徒にどのように理解させるかを考えなければなりません。それは，その学校全体について，特別支援教育に関する理解をどのように図るかということにもつながります。

　また，通級指導では，指導内容に応じた設備や教材の充足状況も，その教育効果を左右します。当然予算が伴いますから，管理職の理解の元に整備していくことになります。

　このように，設置校・拠点校として充実した教育を行うには，管理職の特別支援教育や通級指導についての高い関心と理解が欠かせないといえます。

3．設置校の管理職として通級生を受け入れる

　中学生・高校生という時期の生徒は，自分のニーズに応じて学べる場を求めている反面，自分だけ特別の場に通うことへの抵抗が大きい場合もよくあります。それは自校通級生でも同じですが，特に他校通級の生徒には大きな壁となります。そんな中，明るくおおらかに「ようこそ，この学校の通級指導教室へ」と迎え入れてくれる設置校の校長の存在は，大変心強いものでしょう。校長が生徒の前に姿を見せたり直接ふれあったりする機会は少ないかもしれませんが，それを伝える方法はいろいろとあると思います。

　このような校長のかかわりが，これからの人生において大事にしたい「人を信じる心」や「社会の中で誰かを頼ったり相談したりしようとすること」につながれば，生徒にとっての通級指導は，さらに素晴らしい体験になると思います。

チェック項目

✔ 熱意のある通級担当教員に研修の機会を与え，専門性を高めることに期待している。

✔ 通級指導に関する事務手続きについて，通級担当教員に助言やサポートができる。

✔ 通級生を励ますための言葉や声かけについて，考えている。

在籍校の管理職だからできる支援と役割

1．全ての管理職に求められる，通級生への理解と支援

　中学校や高等学校でも，多くの学校・学級で通級指導を受ける生徒（以下，通級生）が増えています。今後は全ての学校・学級が通級生の在籍校・在籍学級となることも予想されます。

　通級生が指導を受ける場は，自校通級（自校の通級指導教室），他校通級（他校の通級指導教室），巡回指導（自校の通級指導教室や特別支援教室）など様々ですが，いずれの場合でも，自分の通う学校の校長に，「自分の学び方に合わせて学んでいることの，素晴らしさとその意欲」について認め賞賛してもらえたら，通級生にとっては，とても励みになると思います。校長から直接生徒に伝えることは難しいかもしれませんが，このような思いに基づく管理職の支援について考えてみたいと思います。

2．在籍学級での学びを支援する管理職

　通級生は，週に数時間の通級指導教室での指導時間以外は，ほとんどの授業を在籍する通常学級で過ごします。ですから，ここでの学びについての支援を考えることはとても大切です。

　特に，中学や高校は，学級担任制の小学校とは違い教科担任制であるため，たくさんの教員が通級生の授業や指導に関わっています。したがって，これら全ての教員の，通級生に対する理解や支援がどの程度なのかが問われることになります。つまり，「『通級生＝教育的ニーズに応じた支援を要する生徒』としての理解」が教員にあるか，さらにその上で，「その生徒の教育的ニーズに応じた支援を，担当教科に応じて用意しているか」が求められるのです。

　管理職だからできる支援とは，まず，このような通級生に対する理解を校内の全教員が共有できるようにすることです。次に，それに応じて考えられる様々な支援内容や方法について検討し，合理的配慮の観点から大局的に評価して，積極的に取り入れることです。例えば，書字の困難さがある通級生に対しては，板書の画像記録や定期試験の時間延長などが考えられるでしょう。このような取組みには学校全体での理解が不可欠です。

　これらを検討するための時間や場の設定は容易ではないかもしれません。また支援内容や方法について提案したり実践したりすることに，教員が遠慮したり躊躇したりすることがあるかもしれません。だからこそ，学校全体の方針として校長が率先し牽引してほしいと思います。このような理解と支援の下で，初めて通級生は安心して意欲的に学ぶことができるのです。

3．通級指導教室と在籍学級のつながりを支援する管理職

　通級指導教室は，その通級生の教育的ニーズに焦点を当てて指導をしたり，通級生と共に本人の課題に応じた対応法を考えたりする場です。ここで得られた学びを，通級生自身が在籍学級で試したり実践したりしながら，成功体験として積み上げることで，その後の確かな成長につながると考えます。

　したがって，在籍学級での不要な失敗体験は避けたいものですが，そのためには，通級担当教員と在籍学級で関わる教員が，これらの指導内容や在籍学級での具体的な対応・必要な支援などについて，下記で述べたような情報交換をすることが必要です。このことは，自校通級に比べて，他校通級や巡回指導では学校をまたぐため，スムーズに進めにくいことがあるかもしれません。

　そこで，このような学校間の連携について，相手の学校との連絡調整がスムーズに行くように互いの管理職が便宜を図ってくれると，双方の教員も安心して連携を取り，指導に当たることができます。通級指導ならではの，このような手続きや仕組みを校長が知っているかどうかが，通級指導の効果につながってくるのです。

4．生徒の進路を支援する管理職

　中学生や高校生では，自己の特性やそこから派生する自分の抱える課題についての認識が高まることも多く，そのことで自分の将来に対する不安が膨らみ，進路選択と重なって問題が大きくなりがちです。その不安を軽減させるためには，具体的な進路先についての様々な情報を学校として収集し，生徒が活用できるようにすることが大切です。

　特に，高校や大学の受験に当たっては，入試の際に特別な配慮（時間延長など）を受けることができる制度があります。これには学校からの申請が必要となることが多く，それまでも中学や高校で継続的な支援のあったことが条件になります。前述の**2．在籍学級での学びを支援する管理職**の項で述べたことが，ここで活きてくるのです。校長が各都道府県の入試の仕組みを理解し，自校の生徒が入試の時に能力を発揮できるよう，申請書類の作成を援助してほしいと思います。

チェック項目

✓ 現在，学校で行っている通級生への支援内容と方法について知っている。

✓ 自分の学校の通級生について，その人数と通級している学校・教室を把握している。

✓ 通級生の入試に当たって作成する申請書類の内容について理解している。

校内支援会議のもち方と管理職の役割

1．校内支援会議

　通級生には，一人一人の教育的ニーズに応じた個別の支援を用意する必要があります。そのために，通級生にかかわるいろいろな立場の人たちが，通級生に関する情報を共有し，支援の方向性を決め，それぞれの役割に応じた支援の内容と方法を考える場が必要です。それが校内支援会議（学校によって名称は異なる場合があります）です。

　生徒がよりよい学校生活を送るための支援を探ることが中心となるため，学校内のいろいろな職種の教職員はもちろん，関係機関の参加も考えられます。さらに，生徒の保護者も大事な支援者です。

　管理職は，学校内外の多様な職種や立場の支援者からなる会議に参加して，通級生の状況を把握したりコーディネートをしたりする必要があります。

2．合理的配慮に基づく支援を行うために

　学校関係者が「現在の学校生活」の支援を第一に考えるのに対して，保護者は「これまで・これからの社会生活」を含めた支援について考えます。また，通常学級では集団活動や一斉指導による教育活動が基本であるため，学校関係者が「『集団』と『個』」という関係の中での支援を考えるのに対して，保護者は自分の子どもの特性や課題から求められる支援を中心に考えます。学校内での実施可能な支援を決めていくには，このような互いの視点を理解し尊重しながら取り入れていくことが大切です。支援会議での話し合いが，学校と保護者のどちらかが一方的に自分の考えを押しつけたり，逆に遠慮したりするものであってはなりません。両者の間に「妥当で正当な合意形成があること」が，合理的配慮として必要です。

　校長には，このような話し合いの下に，その通級生の合理的配慮として，学校としてどのような支援が用意できるのか，ということについての見解をもつことが求められます。

3．「チーム学校」で探る教職員の支援会議

　支援会議では，まず，通級生の学校内での支援について，どのような支援が必要で，どのような手立てが考えられるのかを探る話し合いを行います。

　通級生の指導に当たっては，在籍学級の担任，通級担当教員をはじめ，教科担任・部活動担当・支援員・外部機関などの様々な情報を収集し共有しながら，通級生のニーズの把握や指導目標の決定などを行っていく必要があります。見方を変えれば，「通級指導」という「通級生にとっての支援ツール」を有効に生かすために，自ずと「チーム学校」が働くことになるわけです。

　支援会議の直接的なコーディネートは特別支援教育コーディネーターが行うと思います

が，このような学校内外の立場による連携を積極的に評価し，有効に活用することは，管理職の役割です。

4．保護者との信頼関係の上での支援会議

　保護者も交えた支援会議では，学校で用意できる支援と保護者の考えを丁寧に寄せ合いながら，支援の方向性や具体的な手立てについて話し合って決めていきます。

　通級指導を受けさせるということは，子どもの教育的ニーズを保護者が受け入れているということです。中学生や高校生という時期になると，小さい頃から子どもを見守ってきた保護者が，子どもの特性やそれに応じた対応の仕方をよく分かっていることも多いものです。これまでも，進路選択などをはじめ，いろいろな課題について子どもと共に乗り越えてこられたことでしょう。

　学校内での対応や支援方法を保護者と相談する時，これまでの親としての労をねぎらうと同時に，それらの経験に真摯に耳を傾けることが重要であり，それは保護者の信頼を得ることにもなります。また，支援会議の場では，校長が「学校は，保護者と共に子どもを支えていく」という姿勢を明確に伝えることが，保護者にとっては何よりの安心感につながります。

5．学校全体の教育の質の向上へ

　支援会議によって通級生への理解や対応の仕方が学校内に広がってくると，通級していない生徒の中にも，教育的ニーズがあるのにもかかわらず本人の努力不足などとして見過ごされていたり，本人が周りに悟られないように努力して隠してきたりした場合があることに気付く教員が増えるでしょう。また，生徒への支援について，学校内だけでなく，学校を取り巻くいろいろな支援資源のあることが明らかとなり，新たな連携にもつながっていくでしょう。

　このような学校内の様々な生徒に対する理解と支援の充実こそが，学校全体の教育の質の向上につながるのだと思います。

チェック項目

✔ 校内支援会議の構成メンバーの役割と働きについて把握し，参加している。

✔ 生徒への校内支援の可能性について，慣習に固執せず柔軟に考えている。

✔ 通級生の保護者と，通級生の将来について前向きに話すことができる。

アセスメントに使う検査にはどのようなものがあるか

1．アセスメントとは

　アセスメントを日本語にすると，評価や査定という言葉に置き換えることができます。通級指導教室や特別支援教室等の特別な場で指導を行う場合，限られた時間でより効果的に行われることが望まれますので，生徒が何につまずいていて，その背景としてどんなことが考えられるかを見立てて指導することが大切です。そのためにはアセスメントが必須となります。以下にアセスメントの流れの一例を示します。

---

①**主訴の把握**　まず何に困っているかを把握します。困り感は保護者，本人，学級担任や指導者によって異なることもありますので，それぞれの思いを聞きとることが必要です。

②**実態の把握**　次に，それがどのような範囲にわたっていて，困難さはどの程度なのかを情報収集します。情報収集は保護者・学級担任などの教師・指導者からの聞き取り，学校場面の行動観察，本人のプリントやテスト，作品などから行うことができます。教科によって取組みの様子や成績が大きく異なる場合もありますので，教科ごとに把握することが必要です。主訴に応じて学力検査や社会生活面のチェックリストなども使用するとよいでしょう。また，実態把握をする時は，生徒の困難さばかりではなく得意なことや興味関心を知っておくことが指導する上でとても重要です。中高生の場合，生徒が小学校や中学校で支援を受けていることも多いことから，前の学校からの申し送りを確認するとよいでしょう。

③**認知特性などの把握**　困難さの背景やいかせる能力をさらに詳しく知るためには，知能検査や認知検査を行います。また，生育歴や家庭・養育環境などを保護者から聞きとることで発達の過程や二次的な影響因を知ることもできます。

④**総合的な解釈**　これらの情報を総合的に解釈し，指導仮説を立てます。

⑤**個別の指導計画の作成と実施**　総合的な解釈（④）を元に，個別の指導計画を作成します。長期目標，短期目標，具体的な手立てや配慮事項を考えます。指導計画は少なくとも半期に一度は評価や見直しをし，さらなる目標設定や支援の再検討をしていきます。

　アセスメントをする上で情報が多いのはよいことですが，全ての情報が漏れなく揃っていないと指導ができないというわけではありません。指導する中で新たな困難がみえてくることもあります。生徒のニーズや状況に合わせて，指導しながら必要に応じてさらなるアセスメントを追加していけるとよいでしょう。

2．中高生のアセスメントに使われる検査

発達に遅れや偏りが推測される12歳から18歳の方に実施できる検査を紹介します。

表1-3-1　全般的な知能・認知水準や認知特性を知ることができる検査

検査の種類	対象年齢	特徴
WISC-Ⅳ（ウィスク・フォー）知能検査	16歳11か月まで	全般的知的発達水準と「言語理解指標」「知覚推理指標」「ワーキングメモリー指標」「処理速度指標」の4つの指標の偏りから得意不得意の傾向を知ることができる検査です。P24から詳しく述べます。
WAIS-Ⅳ（ウェイス・フォー）知能検査	16歳0か月から90歳11か月まで	
KABC-Ⅱ（ケーエービーシー・ツー）	18歳11か月まで	全般的な認知総合尺度及び習得総合尺度，認知尺度内の「同時尺度」「継次尺度」「計画尺度」「学習尺度」の水準と尺度間の差，習得尺度内の「語彙尺度」「読み尺度」「書き尺度」「算数尺度」の水準と尺度間の差を知ることができます。P32から詳しく述べます。
田中ビネー知能検査Ⅴ	成人まで	問題が年齢尺度によって構成されており，精神年齢と知能指数を算出することができます。全国的に療育手帳の判定時に使用されています。
DN-CAS（ディーエヌ・キャス）認知評価システム	17歳11か月まで	認知機能を「プランニング」「注意」「同時処理」「継次処理」の4つに分けて測定することができる検査です。

表1-3-2　読み書きの力を知ることができる検査

検査の種類	対象年齢	特徴
STRAW-R（ストロー・アール）改訂版読み書きスクリーニング検査	高校生まで	「速読課題」「漢字音読課題」「漢字単語課題」など読み書きのレベルを評価することができます。入試や試験時間の延長を希望する際の客観的根拠として使用することができます。
URAWSSⅡ（ウラウス・ツー）	中学生まで	読み書きの速度を評価できます。STRAW-Rと同様，合理的配慮を求める際の根拠として使用できます。

表1-3-3　社会性の状況を知ることができる検査

検査の種類	対象年齢	特徴
S-M社会生活能力検査第3版	中学生まで	対象者をよく知っている回答者に「身辺自立」「移動」「作業」「コミュニケーション」「集団参加」「自己統制」の6領域の質問項目に答えてもらいます。回答結果をもとに社会生活年齢と社会生活指数が算出できます。
Vineland-Ⅱ（ヴァインランド・ツー）適応行動尺度	92歳11か月まで	対象者をよく知っている回答者に半構造化面接（ある程度枠組みのある形式での面接）の形で質問項目に答えてもらいます。「コミュニケーション」「日常生活スキル」「社会性」「運動スキル（6歳まで）」の4つの適応領域ごとの「領域標準得点」とそれらを総合した「適応行動総合点」及び不適応行動領域でのⅤ評価点が算出されます。

③

WISC-ⅣおよびWAIS-Ⅳの解釈と支援への活かし方

1．WISC-ⅣおよびWAIS-Ⅳとは

　アメリカの心理学者，デービット・ウエクスラーは，1939年に「知能は目的を持って行動し，合理的に考え，効率的に環境と接する個人の総体的能力」であると捉え，成人知能検査をまず完成させました。その後，幼児や児童生徒を対象とした検査も作られ，改訂が重ねられて現在のWISC-Ⅳ（Wechsler Intelligence Scale for Children-Fourth Edition,日本版の刊行は2011年），WAIS-Ⅳ（Wechsler Adult Intelligence Scale-Fourth Edition,日本版の刊行は2018年）に至っています。

　WISC-Ⅳの対象年齢は 5 歳 0 か月から16歳11か月まで，WAIS-Ⅳの対象年齢は16歳0 か月から90歳11か月までです。ですので，16歳 0 か月から16歳11か月の生徒はWISC-ⅣとWAIS-Ⅳのどちらも実施することができます。どちらにするかは，それぞれの生徒の状況に合わせて判断することをお勧めします。以前にWISC-Ⅳをとっていてその後の変化をみたい場合はWISC-Ⅳをとるのがよいでしょうし，今後継続的に検査をとる予定であればWAIS-Ⅳをとるとよいでしょう。なおアメリカではすでに2014年にWISC-Ⅳの改定版であるWISC-Ⅴが出版されていて，日本版も2021年度に出版される予定です。

2．WISC-ⅣおよびWAIS-Ⅳの検査の進め方

　検査は検査者と生徒が一対一で行い，実施時間は 1 時間から 1 時間半程度かかります。

　問題はクイズ感覚で行える構成にはなっているものの，何をやるのかを事前に具体的に伝えることは，検査結果の信頼性を損なう可能性があるため許されていません。これはどの心理検査でもいえる注意点です。

　また検査では，わからなかったり，答えられない問題に取り組まなければならない場面もでてきます。情緒的に不安が高く，こういった状況にストレスを強く感じる場合はその人の力を正しく測ることが出来なくなってしまうこともあるので，検査の実施そのものを検討する必要もあるでしょう。

　中高生という年齢を考えると，具体的な検査内容は伝えられないものの，なぜ検査をするのか，検査をすることで何がわかるのかを生徒に説明することが望まれます（例えば，英単語が覚えられなくて困っているようだが，どのようにすれば覚えやすくなるかのヒントが得られるかもしれないので行いましょうなど）。そして，質問に答えてもらったり紙に書いてもらったりする問題を行うこと，全ての問題に答えられなくてもよいこと等を話した上で，本人が前向きに検査に向かえるようにすることを心がけましょう。

3．検査の枠組み，測ろうとしている能力

　WISC-Ⅳも WAIS-Ⅳも10の基本下位検査があります。これら独立した検査項目を実施することで，全般的な知的能力，全検査IQ（FSIQ：Full Scale Intelligence Quotient）を測ることができます。また，10の基本下位検査に加えて，状況に応じて行う補助下位検査がそれぞれ5つあります。これら15の下位検査は，言語理解指標（VCI：Verbal Comprehension Index），知覚推理指標（PRI：Perceptual Reasoning Index），ワーキングメモリー指標（WMI：Working Memory Index），処理速度指標（PSI：Processing Speed Index）の4つの指標にグループ分けされ，そこから生徒の得意不得意の傾向を知ることができます。

　それぞれの指標が測ろうとしている能力を表1-3-4に示します。

　「同年齢の中での発達の状態＝個人間差」と，「その人個人の得意不得意の傾向＝個人内差」がわかることがWISC-Ⅳの特徴です。苦手さの背景を知るとともに，強みで苦手なことをどのように補うかといった指導の手掛かりを得ることができます。

表1-3-4　WISC-ⅣおよびWAIS-ⅣのFSIQと4つの指標で測っているおもな力

FSIQと各指標	測っているおもな力
全検査IQ（FSIQ） Full Scale Intelligence Quotient	・全般的な知的能力
言語理解指標（VCI） Verbal Comprehension Index	・言語概念形成（ことばをまとめたり関連づけて考える力） ・言語による推理力・思考力 ・意味記憶的知識（意味のあるものを覚えておく力）
知覚推理指標（PRI） Perceptual Reasoning Index	・非言語的な推理力（絵や図から推理する力） ・空間処理（空間の位置関係などを正しく捉え構成る力） ・視覚−運動協応（見ながら手をスムーズに動かす力）
ワーキングメモリー指標（WMI） Working Memory Index	・聴覚的ワーキングメモリー（聞いたものを忘れずに頭の中にとどめておく力） ・注意力・集中力
処理速度指標（PSI） Processing Speed Index	・処理速度 ・視覚的ワーキングメモリー（見たものを忘れずに頭の中にとどめておく力） ・筆記技能，視覚−運動協応 ・プランニング（計画を立て効率よく作業する力）

4．WISC-ⅣおよびWAIS-Ⅳの解釈の流れ

①全般的な知的水準

　全検査IQ（FSIQ）の数値から全般的な知的水準を確認します。FSIQの100は，年齢平均を示します。これはパーセンタイル水準では50，つまり100人がいたら下から数えて50番目，ちょうど平均の位置ということです。このとき，FSIQの数値は，誤差範囲を含めて，信頼区間という幅を持った捉え方をします。FSIQの数値が示す範囲や同年齢の中で占める割合については表1-3-5に示します。

　FSIQの数値から全般的な知的発達が低い場合は，まずその低さに着目して支援を考える必要があります。また，全般的な知的水準が年齢相応，または年齢より高くても，指標得点や下位検査の得点にばらつきがある場合は，一般的な学び方では習得しにくさがあることが多く，特性に合わせた支援が望まれます。ですのでFSIQの数値のみで能力レベルを判断しないようにします。

②4つの指標の水準（VCI, PRI, WMI, PSI）

　FSIQと同じように，各指標の得点は誤差範囲を含めて幅をもって捉えます。得点が示す数値の範囲や同年齢の中で占める割合についてはFSIQと同じで，表1-3-5に示しています。

③4つの指標の差

　4つの指標得点の差を比べます。いずれかの指標が他の指標に比べて有意（統計的に意味のある差であること）に高かったり低かったりしているかをみます。

④下位検査や行動観察からの解釈

　個人の下位検査の中で高い数値や低い数値があった場合，共通して読み取れる能力や固有の能力の特徴があるかを確認します。また，検査場面で特徴的な振る舞いがみられた場合，そこからその人の能力や行動特性を知ることができるので，解釈の参考にします。

　解釈をする際に大切なことは，「生徒の困り感の背景として能力特性が考えられる」という見方をすることです。検査の結果が先にあるのではありません。検査結果として出てきたことが生徒の真の能力特性であると判断するには，実態との関連性があることが必須です。検査で出た結果が実態と大きく矛盾する場合は，その解釈は採用しません。また，検査は非日常の整えられた検査室で行われますので，学校場面との環境の違いなどを含めて解釈することも必要です。

表1-3-6は各指標と関連の高いつまずきとそれに対する支援の例を示したものです。苦手な能力があった場合，それを直接に高めることに目がいきがちですが，強い能力や興味関心といった動機づけでカバーできないか，また，環境の工夫や代わりの手段を使うことで対処できないかを考えることが大切になります。

表1-3-5　全検査IQおよび4つの指標の得点の分類

指標得点	分類	理論上の割合（%）
130以上	非常に高い	2.2
120〜129	高い	6.7
110〜119	平均の上	16.1
90〜109	平均	50.0
80〜89	平均の下	16.1
70〜79	低い（境界域）	6.7
69以下	非常に低い	2.2

表1-3-6　各指標と関連の高いつまずきとそれに対しての支援の例

	VCI 言語理解指標	PRI 知覚推理指標	WMI ワーキングメモリー指標	PSI 処理速度指標
関連の高いつまずき	・ことばの理解（聞く・読む） ・表現（話す・書く） ・推論（ことばによる推理）	・視覚情報の処理 ・ルールの発見 ・見通し・応用 ・分類やパターンの理解 ・図や地図の読み取り ・忘れ物なくし物 ・数量の把握 ・数学的思考 ・書字・観察学習	・注意散漫 ・聞き間違え ⇒誤解思い込み ・忘れ物なくし物 ・複雑な計算 ・暗記 ・行動制御実行機能 ・読み書き推論	・板書の書き取り，課題終了の遅さ ・書字 ・急かされると力が発揮できない
支援方針	・語彙知識や一般的知識の獲得のための個別指導を行う ・ことばや概念の意味的理解の習得	・視覚情報はシンプル ・VCI＞PRIなら，ことばで説明する ・目標見通しを持たせる ・問題解決の手順や活動の順序を明示	・指示は短く簡潔に繰り返す ・必要のない刺激は排除 ・注意を向かせてから指示説明	・焦らせない ・板書の負担を減らす ・時間を与える

5．事例① WISC-Ⅳを用いたアセスメントケース：中学１年女子

保護者の主訴　友人とのトラブルや落ち着きのなさをスクールカウンセラーに相談したところ，検査をとって特性を把握し，指導（通級指導教室の利用）を受けるとよいのではないかと勧められた。

本人の主訴　テストの点をもっと上げたい。部活でうまくやりたい。

現在までの状況　幼児期から小学校時は父親の仕事の都合による転居で転園や転校があった。小学５年生から現在の地域に住んでいる。幼児期は教室にいられず外で好きな砂遊びをしていることが多かった。小学校に入学し，学習意欲はあるものの順番を待つことが苦手，思いついたことをどんどん発言してしまう，相手の気持ちを考えないで非を指摘してしまうことなどをほぼ毎年担任に指摘されていた。中学に入り多少友達の視線を気にするようになってきたが，正義感からくる一方的な言動があり部活動でトラブルを起こした。成績は平均位，テストでは自信を持って挑んでも不注意や勘違いによる失点が多い。

表 1-3-7　事例①のWISC-Ⅳ結果

	合成得点	90%信頼区間	記述分類
FSIQ	106	100－111	平均－平均の上
VCI	115	106－121	平均－高い
PRI	95	88－103	平均の下－平均
WMI	103	96－109	平均
PSI	102	94－110	平均

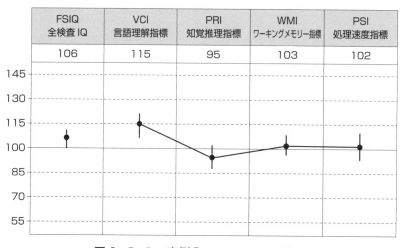

FSIQ 全検査IQ	VCI 言語理解指標	PRI 知覚推理指標	WMI ワーキングメモリー指標	PSI 処理速度指標
106	115	95	103	102

図 1-3-1　事例①のWISC-Ⅳの結果

検査時の様子　開始時から初対面の検査者に人見知りする様子もなく多弁。ことばで説明する問題では多くのことばを用いるものの，伝わりにくかったり，話している途中に感情が高ぶって質問から話題がそれることがあった。検査用具から出た音に大きく体をのけぞらせるなど反応が大きい。選択する問題では即座に選んだものの，すぐに訂正したり，次のページをめくる時に「あっ！」と言って答えを変えることが数回あった。基本下位検査と２つの補助検査を実施し，検査時間は70分であった。

結果と解釈　結果は表1-3-7および図1-3-1の通りです。

・全般的な発達の状況は「年齢平均からそれ以上」で，特にことばで考えて表現すること，聴いたものを記憶することが得意でした。

・それに比べると視覚的な情報，特に目に見えないルールを推測することは苦手な傾向にあると考えられました。

・見えたものに衝動的に反応したり，視覚情報が多いと集中することが難しくなったりミスが多くなったり判断に時間がかかっていました。

・言語の知識は豊富なものの，質問の意図や状況に合わせて的確に表現することの苦手さがみられました。

解釈を踏まえての指導仮説（望まれる配慮や支援）

・意識的に状況を把握する　今はどんな場面でどうしたらいいのかなどを判断する観点（例えば相手の表情を見る，信頼できる大人や友達に確認するなど）を考える機会が持てるといいでしょう。その際は良好な言語能力を活用して状況を整理して伝えたり，文章で見える化するとよいでしょう。

・相手にとって心地良い伝え方を知る　悪意はないものの，言い方や声の調子によって他者が受け取る印象が悪くなってしまうことを知識として知るとともに，適切な表現方法を具体的に知り，実践する経験をもつことが望まれます。

・ケアレスミスをなくす事前対策をとる　テストやプリント課題を行う前に，まず何を答えるのか設問を最後まで読み，ポイントにアンダーラインを引く，答えるべき問題以外は見えないようにしておく，計算の間で見直しをするなど不注意や気の散りやすさによるミスを減らす方法を考え試してみるとよいでしょう。

本事例はその後に通級を利用し始め，上記の内容を学ぶ機会を得ることができました。

6．事例② WAIS-Ⅳを用いたアセスメントケース：高校2年男子

保護者の主訴　本人の特性を把握し学校での配慮や支援の参考にしたい。

本人の主訴　進路の適性を知りたい。

現在までの状況　読み書きに興味を持つのが遅かった。小学3年生になっても文字のバランスが悪くマスから字がはみ出たりしていた。小学3年生から中学2年生まで通級指導教室を利用，書字とコミュニケーションの指導を受け，速度はゆっくりだが模倣して書く力が向上した。現在工業科に在籍。基本的には楽しく登校しているが，周囲に気を使いすぎてストレスを抱え，家で不安定になることがある。テストで一つの問題につまずくとそれに時間を要し，最後までやりきれないことがある。小学3年生時にLDの診断を受け，高校にも伝えているので配慮を受けることができる。

表1-3-8　事例②のWAIS-Ⅳの結果

	合成得点	90%信頼区間	記述分類
FSIQ	96	92－100	平均
VCI	98	93－103	平均
PRI	112	105－117	平均－平均の上
WMI	94	88－100	平均の下－平均
PSI	79	74－86	低い－平均の下

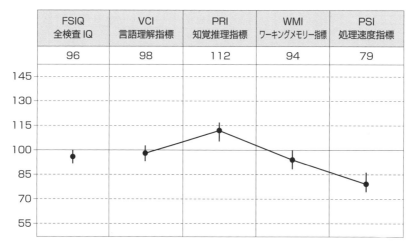

図1-3-2　事例②のWAIS-Ⅳの結果

検査時の様子 礼儀正しく協力的に取り組めた。検査用具の向きを変えて検査者の方に示したり、咳をするたびに「すみません」と言ったりなど、やや気遣いすぎる印象もあった。全体的にゆっくりじっくりと考えてから答え、わからない問題には「ごめんなさい」と申し訳なさそうに言い、自信のない問題には「多分2番です」などと遠慮がちに答えた。基本下位検査のみ実施し、検査時間は75分であった。

結果と解釈 結果は表1-3-8および図1-3-2の通りです。

・全般的な知的発達水準は「年齢平均」で、特に空間認知などの視覚的情報処理が得意な傾向にありました。

・ことばでの思考力や説明力はことば数が少ないものの年齢相応でした。

・耳からの情報を保持しておくことは本人の中ではやや苦手な傾向にありました。

・思考や作業の判断処理は時間を要しました。

・他者へのかかわりは礼儀正しく低姿勢でしたが、それとともに自信のない様子がみられ、間違えた時に過度に動揺する様子がみられました。

解釈を踏まえての指導仮説（望まれる配慮や支援）

・書くことに対しての配慮や支援 ゆっくりであればある程度整った字が書けますが、速く多くの字を書くことは難しいと思われました。範囲を限定する、板書を撮影する許可をもらう、テスト時間の延長を希望するなどの検討が望まれます。

・指示の出し方への支援 ワーキングメモリーの数値は低くないものの、検査時、少し長い説明では聞き返しをすることが多くみられました。また、作業しながら聞くことはより難しいと思われます。ゆっくり端的に指示を出すとよいでしょう。

・自分にあった学び方や学ぶ内容を見つける機会を持つ 書く負担を減らすメモやスマホ等のICTの使用、テストの優先順位の決め方など効率のいい生活や学習の仕方を身につける機会をもつとよいでしょう。図形を捉えることの得意さは選択科目で学んでいる内容に活かせるので今後も進路選択の候補として考えられるでしょう。

・感情のコントロール方法を身につける ストレスを貯め過ぎないように好きなことに没頭したりリラックスできる時間を意図的にとるよう心掛けるとよいでしょう。

　本事例はその後検査報告書を学校に提出し、板書の撮影、試験の時間延長が認められるようになりました。また、本人がスクールカウンセラーとのカウンセリングを定期的に受けることとなり、気持ちの発散方法について相談するようになりました。

KABC-Ⅱの解釈と支援への活かし方

1．KABC-Ⅱとは

　アラン・カウフマン，ネイディーン・カウフマン夫妻によって，1983年に作られたK-ABCの改訂版がKABC-Ⅱ（kaufman Assessment Battery for Children Second(2) Edition）です。アメリカでは2004年に，日本では2013年に刊行されました。

2．KABC-Ⅱの検査の進め方

　検査は検査者と生徒が一対一で行います。認知尺度，習得尺度という大きく2つの検査があり，実施時間はそれぞれの尺度で1時間から1時間半程度です。生徒の疲労を考え，間に休憩をはさんだり2日に分けることが一般的です。事前の説明に関する留意点はP24のWISC-Ⅳと同じですが，習得尺度は漢字の読み書きや文章の読み，計算など学力に直結した内容であるため，これらの困難が大きい生徒は負担を強く感じることがあります。合理的配慮の申請など検査の目的がはっきりしている場合は，検査の信頼性を損なわない範囲で，「支援を得るために頑張ろう」といった励ましが必要な場合もあるでしょう。

3．検査の枠組み，測ろうとしている能力

　KABC-Ⅱは，「ルリヤ理論に基づくカウフマンモデル」および「CHCモデル」という2つの理論モデルに基づいて能力を捉えます。ここでは紙面の都合上，前者のモデルのみを紹介します。このモデルは，測定する能力を「認知尺度」と「習得尺度」に分けています。

表1-3-9　KABC-Ⅱの各尺度で測定する能力

認知尺度	認知総合尺度	認知能力の指標　知能テストの全検査IQに相当
	継次尺度	提示された情報を1つずつ，順番に時間軸に沿って処理する能力
	同時尺度	提示された複数の視覚情報を全体的・空間的に処理する能力
	計画尺度	提示された問題を解決するための方略決定や課題遂行のフィードバックに関する能力
	学習尺度	新たな情報を効率的に学習し，保持する能力
習得尺度	習得総合尺度	語彙，読み，書き，算数に関する習得度（基礎学力）の指標
	語彙尺度	現在獲得している語彙の量や意味理解等についての習得度
	読み尺度	学習指導要領に基づく文字の読みや文章理解に関する習得度
	書き尺度	学習指導要領に基づく書字や作文に関する習得度
	算数尺度	学習指導要領に基づく計算スキルや文章問題の解決に関する習得度

　認知総合尺度は個々の生徒が本来持っている能力のことで，WISC-Ⅳの全検査IQ（FSIQ）に相当します。認知尺度には，学習，継次処理，同時処理，計画の4つがあります。これは脳の基本機能を3つのブロックに分けたルリヤ理論の考え方を認知尺度に適応させています。習得尺度は認知能力を活用して獲得した知識，つまり経験によって獲得された能力を測ります。習得尺度には，語彙，読み，書き，算数の4つがあります。

4．KABC-Ⅱの解釈の流れ

ルリヤ理論に基づくカウフマンモデルに沿って解釈の流れを以下に示していきます。

①認知総合尺度の水準　認知総合尺度の数値から全般的な知的水準を確認します。数値の範囲や同年齢の中で占める割合の味方については，P26で紹介したWISC-Ⅳの全検査IQや4つの指標得点と同様です。信頼区間という幅をもった捉え方で数値をみることもWISC-Ⅳと同じです。KABC-Ⅱにおいても，認知総合尺度の水準が年齢相応または年齢より高くても，尺度間の有意差（統計的に意味のある差）がある場合は，認知総合尺度のみで能力レベルを判断しないようにします。

②習得総合尺度の水準　習得総合尺度の数値は，基礎学力の指標となります。認知総合尺度と同じく，下位尺度間の有意差がある場合は，習得総合尺度のみで能力レベルを判断しないようにします。

③認知総合尺度と習得総合尺度の差　①と②の水準を比較します。認知総合尺度＞習得総合尺度の場合，持っている認知能力が基礎学力の習得に十分に発揮されていないと考え，得意な能力を活用した学びや学習意欲を高める環境調整，動機づけの配慮，支援を検討します。認知総合尺度＜習得総合尺度の場合は，持っている能力が十分に基礎学力に反映されていると考えられます。

④認知尺度間の比較　4つの下位尺度間の差を検討します。各尺度の高低から導かれる場合の指導の基本原則を表1-3-10に示します。

⑤習得尺度間の比較　4つの下位尺度間の差を検討します。

⑥下位検査や行動観察からの解釈　下位検査の結果に大きな偏りがみられた場合，実態に合わせて解釈します。検査場面での取組みの様子も参考にします。

表 1-3-10　KABC-Ⅱの結果を活用した指導法の原則

認知尺度	指導の基本
継次尺度	高い：継次型指導方略で指導　低い：同時型指導方略で指導
同時尺度	高い：同時型指導方略で指導　低い：継次型指導方略で指導
計画尺度	高い：子どもから引き出す質問をし，その子が持っている計画を活用
	低い：やり方を教えたり，具体的な場面を想定した質問をする
学習尺度	高い：複数の感覚を使って覚えさせたり体験させる
	低い：しばしば確認したり練習させる，その子に合った覚え方を提案する

5. 事例③ KABC-Ⅱを用いたアセスメントケース：中学2年男子

保護者の主訴 漢字を書くことがとても苦手なのでその程度を知りたい。本人に合った勉強法の参考にしたい。もっと勉強に対して意欲や興味を持ってほしい。

本人の主訴 もう少し漢字が書けるようになりたい。

現在までの状況 幼児期から集団行動が苦手で登園渋りがあった。小学校入学時，通常の学級に在籍したが，集団の中で学ぶことが難しく秋から不登校になった。2年生から特別支援学級に転籍。以後卒業まで在籍は変えなかったが国語と算数以外はすべて交流し，友人関係は築けていた。1年生で漢字が始まってから拒否が始まり，特別支援学級でもなかなか進まなかった。視写はできたが，画数が多くなると特に覚えられず，漢字テストはいつもほとんど点がとれなかった。文章読解や算数は学年の平均のやや下くらいだった。6年生の時に療育センターで自閉スペクトラム症の診断がついた。その後，発達特性のある生徒に理解のある私立中学校に入学した。

表1-3-12 事例③のKABC-Ⅱ結果

	標準得点	90%信頼区間	記述分類
認知総合尺度	76	71－82	低い－平均の下
継次	82	76－89	低い－平均の下
同時	81	74－90	低い－平均の下
計画	81	73－91	低い－平均
学習	79	72－88	低い－平均の下

	標準得点	90%信頼区間	記述分類
習得総合尺度	82	79－86	低い－平均の下
語彙	103	97－109	平均
読み	89	83－96	平均の下－平均
書き	68	62－77	非常に低い－低い
算数	77	72－83	低い－平均の下

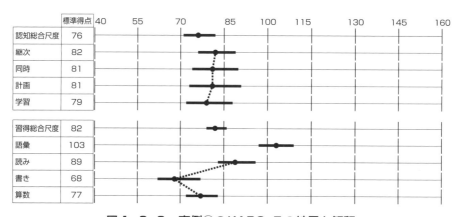

図1-3-3 事例③のKABC-Ⅱの結果と解釈

検査時の様子　全体を通して集中し，協力的に取り組めた。難しいと思われる問題でもじっくりと時間をかけて考えていた。漢字の書きの問題では，「ああ漢字か・・・」とやや顔をゆがめ，解答用紙を見つめたまま手を止めていたので，「忘れたのは，飛ばしていいよ」と伝えると，「はあ」と言って書き進めていた。検査時間は全体で150分であった。

結果と解釈

・全般的な認知能力は「年齢より低い－平均の下」の範囲でした。認知尺度間の有意差（統計的に意味のある差）はなかったものの，下位検査では大きなばらつきがみられました。

・視覚的な継次処理能力（見たものを順番通りに覚えること）が他と比べて著しく低い結果となりました。

・新奇の情報をすぐに記憶することは苦手でしたが，一度覚えたものの定着は悪くありませんでした。初めて覚える時に忘れないようにする工夫はみられませんでした。

・ことばの語彙や意味理解は年齢相応で，得意な分野でした。

・「書き」は漢字，短文共に小学校3年生相応の結果でした。

解釈を踏まえての指導仮説

・**漢字の覚え方の方略を見つける**　書き順だけを強調する覚え方ではなく，意味づけしたりごろ合わせして覚えることが効果的と思われます。また「暴れる」を「馬が暴れる」など文章の一部にして覚えることでイメージでき，記憶に残りやすくなることが期待できます。画数が多く間違えやすい漢字はその部分を強調してことばで言ってみるとよいでしょう。

・**一度に覚える量の配慮**　一度に多くのものを覚えようとするとどれもが中途半端になる可能性があります。一つ覚えたら確認する，を繰り返しながら定着を図りましょう。

・**代替手段の利用**　苦手だった漢字も学校で取り組んでいる漢字検定などを通して少しずつ前向きになっているとのことです。方略を使いコツをつかんで書ける字が増えることは大切ですが，そればかりではなく，パソコンや音声が文字化されるスマホアプリの使用なども積極的に試みられることをお勧めします。

　本事例はその後，学校で希望制の漢字の補習を受け，覚え方を工夫し始めるとともに，パソコンによるレポート提出を認めてもらうようになりました。

事例理解を深めるためにアセスメントバッテリーを組む

1．アセスメントバッテリーとは

　アセスメントバッテリーとは，収集した複数の検査情報を組み合わせてアセスメントを行うことで，生徒の認知特性をより多角的に捉えることができるものです。一つの検査で測れる能力は限られています。検査の結果が実態と矛盾していた，測りたい特性がみられなかった，より詳しく知る必要があるなどの時に，バッテリーを行うとよいでしょう。ただし複数の検査をとるということは生徒にとっては時間的・心理的負担がかかってくることも考えられます。むやみやたらに検査をとればいいのではなく，何を知りたいのか目的を持ち，本人も納得した上で検査を実施することが大切です。

2．事例④ 4つの検査バッテリーによるアセスメントケース：中学1年男子

[保護者の主訴]　学習に対して意欲がなく低学力。英単語が覚えられない。物が探せない，整理整頓ができないなど身の回りのことができない。自信が低下している。これらに対しての対処法を知りたい。

[本人の主訴]　勉強がもっとできるようになりたい。

[現在までの状況]　乳幼児期は思いが伝わらないと癇癪をおこすことがしばしばあり，育てにくさを感じていた。幼稚園ではぼんやりと夢見がちな印象で全体指示が入りにくい，一度に複数のことを言われるとわからなくなる等を園から指摘されていた。図鑑には早くから興味を持ったが文字への興味は就学前にはなかった。小学校に入学して連絡帳を書くこと，音読，漢字を覚えること，宿題に苦戦した。4年時に教育センターでWISC-Ⅳを実施し偏りの指摘を受けた。中学に入り塾に通わせたり，母親が単語のテキストなどを買って勉強をみているが効果が出ない。

[実施した検査]　保護者が多くの視点から学力のつまずきの背景を知りたいと希望した。本人もそれに応じ，WISC-Ⅳ，KABC-Ⅱ，WAVES*（視覚関連基礎スキルの広範囲アセスメント，対象年齢12歳11か月まで），URAWSSⅡ（読み書き速度検査，小学生〜中学生対象）の4つの検査と自己理解チェックを2日間に分けて行った。

[検査時の様子]　いずれの検査でも基本的には協力的に取り組んだ。「オーマイゴー！」など反応が大きく表情豊かで，やや幼い印象を受けた。制限時間内にできるだけ速く書く問題では，検査用紙を見ると「やばい！　苦手なやつだ」と言い，言われたことを覚えておく問題では「まじか！」と言いながらも集中して取り組んでいた。

---

*WAVES（Wide-range Assessment of Vision- related Essential Skills）は読み書きの基礎となる視覚能力を測る検査です。視知覚能力を測る下位検査7つで視知覚指数，目と手の協応能力を測る下位検査2つで目と手の全般指数，および目と手の正確性指数，9つの下位検査合計で視知覚・目と手の総合指数を出すことができます。

結果と解釈

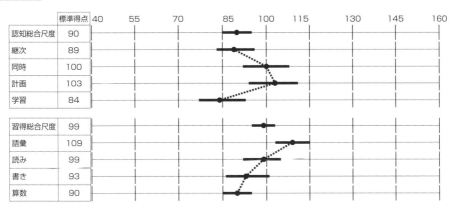

図 1-3-4　事例④のKABC-Ⅱの結果

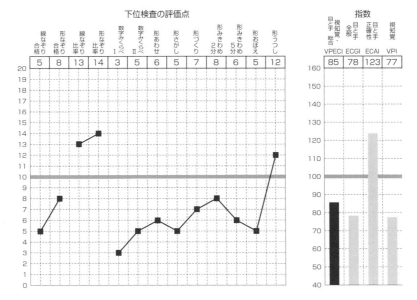

図 1-3-5　事例④のWAVESの結果

表 1-3-13　事例④のURAWSSⅡの結果

書き課題（有意味：制限時間内に意味のある文章を視写した文字数）	B（要観察）
書き課題（無意味：制限時間内に意味のない文章を視写した文字数）	A（問題なし）
読み課題（制限時間内に黙読した文章の文字の数）	A（問題なし）
有意味文の書きの課題では，内容を読んで理解しながら書き写している途中にどこまで書き写したかを見失い，書くべき箇所を探すことに時間を要することが数回ありました。	

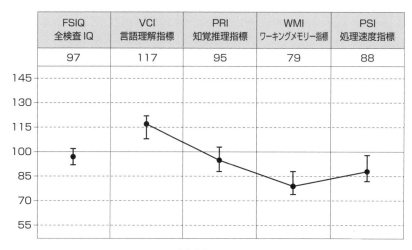

FSIQ 全検査IQ	VCI 言語理解指標	PRI 知覚推理指標	WMI ワーキングメモリー指標	PSI 処理速度指標
97	117	95	79	88

図1-3-6　事例④のWISC-Ⅳの結果

4つの検査結果と解釈

・全般的な知的水準は概ね年齢平均でした。得意不得意の傾向が大きくみられました。

・言語理解力や表現力が良好でした。WISC-Ⅳ，KABC-Ⅱ，どちらの検査でも言語理解や表現能力，語彙量は年齢相応以上の結果でした。フリートークでもスムーズにやり取りができていました。

・ワーキングメモリーおよび継次処理能力・特に視覚記憶能力の弱さ：図形や記号など意味のない視覚情報を記憶することが困難でした。類似したものが次々と提示されるとより混乱してしまうようでした。また，聴覚情報でも頭の中で情報を留めておき，操作しながら再生することは難しかったようです。

・物を滑らかに見ることの苦手さ：数字，文字共に左から右，上から下に素早く目で追うことの難しさがありました。

・作業ペース（特に書くこと）や視覚情報の判断のゆっくりさ：集中して取り組んでいても見て書くことや見たものの相違を判断するには時間が必要でした。

・記憶する際，学習方略を使っていないこと：新奇な課題を覚える時に特に方略を使うことなく丸暗記していました。

・前向きで明るい気質で，自分の苦手さも分かっています。たくさんの検査内容を嫌がることなく協力的に取り組んでくれました。自己理解チェックによると困ったときは人に援助要請ができている，勉強や片付けがきちんとできるようになりたい等，自己理解ができていて，頑張りたい気持ちを持っていました。

4つの検査の解釈を踏まえての指導仮説（望まれる配慮や支援）

・暗記学習の工夫や支援および周囲の理解

今まで行っていた機械的に丸暗記する方法は向いていません。記憶を保持するための方

法を意識的に使う様子もみられませんでした。記憶に残るような以下の方法が向いていると思われます。

　①得意な言語能力を活かして，文章などの意味のある中で暗記する

　②場面をイメージするなど映像化して意味を持たせる

　③英単語ならローマ字読み，漢字なら偏と旁を分解してごろ合わせをして覚える

　④関連するものをまとめて塊として覚える

　⑤書く作業は時間を要するので書くことは最低限にし，ことば（言語化して）で思い出すことをしばしばする

　また，過度に負荷をかけることはワーキングメモリーを発揮するにはマイナスとなります。周囲は記憶力の弱さを理解し，範囲を絞り時間に余裕を持って本人にあった方法で繰り返し取り組めるよう励ますとよいでしょう。

・生活面での支援

　整理整頓や物を探すことの苦手さは本人も自覚していました。視覚走査性（滑らかに見ていくこと）の苦手さや視覚記憶（どこにあったか覚えておく）の弱さ，視覚情報の判断の遅さ（あるかないかを判断する，分類することに時間がかかる）などが影響していると思われます。本人に①分類する，②探すルールを作る，③見失わないように透明なものを使う，④横積みではなく縦置きにする，⑤物の入れ方や置く位置を決めるなどを提案すると納得していました。これらが分かっていても上記の苦手さがあると自分一人ですぐに実践することは難しいと思われます。また，中学生という年齢を考えると一方的に指示するのではなく，相談しながら要望やペースに合わせて少しずつ実践することが望まれます。

・本人の努力が認められる目標設定

　今回の2日間の検査の中，両親の期待に応えたいという思いの発言を多くしていました。実現可能な目標を立て達成できたことを評価し本人もさらなる意欲がもてるようにすること，能力特性や適性や興味関心にあった進路を前向きに選べるような環境を作ることが望まれます。

　本事例では，来所時の両親は，愛情はあるものの成績優秀な歳の離れた兄と比較して学業が振るわない本生徒に対して過大な目標を与えたり，母親が勉強のやり方を押し付ける傾向が伺われました。検査の結果を聞くことで今までのつまずきに納得し，学び方や生活に工夫が必要であることを認識されました。その後通級指導教室が利用できることを知り，本人も勉強の仕方のコツを知りたいと希望し通級につながりました。

情報や検査結果をもとに個別の指導計画を立てる

1．個別の指導計画の用紙の作成

　それぞれの学校・機関で独自の用紙フォーマットを使用しているかと思いますが，個別の指導計画を作成するときに大切なことは，継続できて評価や見直しがしやすい用紙を工夫することでしょう。日々多忙な教員や指導者の負担が少なく，指導に活かせるものでないと意味がありません。そのためには，自由記述をできるだけ少なくしチェックすればいいような書式にする，各自にすべて任せるのではなく会議の中で記入する時間を確保しておくなどの工夫が考えられます。

　通級等の個別的な場で支援を行う場合，通常の学級での困難さが軽減されることが目標となるわけですから，通常の学級の実態を踏まえた目標を立てる必要があります。以下は，個別の指導計画に記載すべき，実態把握に関する最低限の項目の参考例です。これらを「気にならない・多少気になる・大いに気になる」などの3段階程度で評価したり，成績など数値で表せるものは数値で示します。

学習面	各教科の参加態度（板書・発言・グループワーク・提出物）およびテスト結果
生活面	時間管理・整理整頓・衛生面・その他

　さらに，検査結果から得られた望まれる配慮・支援点，行動や興味関心・動機付けから考えられる配慮・支援点をまとめ，総合的な解釈などの情報から，1年間の長期目標，3か月〜半年程度の短期目標を立て，手立てや配慮事項を書きます。表1-3-11に事例①の個別の指導計画を例として挙げます。

2．ボトムアップか代替手段の活用か

　教科書をすらすら読めるようになりたい，漢字を覚えたいなど本人と周囲の思いが一致している場合，指導は進みやすいと思います。ただ，特に学習面の場合，基礎基本をひたすら底上げ（ボトムアップ）することに多くの時間を要しても，希望する状況に達することが難しい場合もあります。成果がでなければ意欲も減退してしまいます。特性に配慮した学び方を経験すること，環境調整や代替手段の使用＝目的に向かうための手段が違ってもいいという合理的配慮の観点を持つこと，学校生活の先の進路を視野に入れ，学校の成績を上げることだけに価値を置かない長期目標の設定が大切です。

3．本人参加の支援計画作り

　通級などで，個別的に支援を受けることになっても，周囲が気にしているほど生徒自身に困り感がない，または困り感はあるけれどそれを認めたくない場合も多くあるでしょう。指導を開始する際は，本人の視点に立ってどうなりたいかを丁寧に聞くことが大切です。

「部活で先輩に色々言われたくない」「LINE のやりとりで困らないようにしたい」など生徒自身の日々の困り感や不満，要望を聞き，そこから指導の糸口を見つけたいものです。それが周囲の気になっている点につながっていくこともあります。またなりたい自分に向けての活動であれば，生徒がより自主的に参加することが望めます。

表 1-3-11　事例①（中学 1 年女子）の個別の指導計画の一部

1 年 2 組　図書文香		記入日：●●年○月○日　　記入者：通級担当　柴田	
主訴	本人	・テストの点を上げたい　　・部活でうまくやりたい	
	保護者	・トラブルを起こさないでほしい　　・落ち着いてほしい	
	学級担任	・相手の気持ちを考えて行動できるようになってほしい	
実態① 学習	国語	・板書　△　　・発言×　　・GW×　　・提出物△　　・前期評価　3	
	数学	・板書　△　　・発言○　　・GW△　　・提出物△　　・前期評価　3	
	・・・以下省略	○気にならない　△多少気になる　×大いに気になる	
実態② 生活面	・時間管理　△　　　・整理整頓　△　　　・衛生面　△		
	その他　　間違ってはいないが正論を主張したり，失敗を指摘するため他の生徒から嫌がられてしまっている。		

小学校の時の様子　順番を待つことが苦手，思いついたことをどんどん発言してしまう，相手の気持ちを考えないで非を指摘しまうことなどをほぼ毎年担任に指摘されていた。

検査結果や行動，興味関心・動機付けから考えられる活用できる面
・全般的能力は年齢相応　・言語の知識が豊富　・言葉で考えて表現することと記憶することが得意
・社交的　・なりたい自分のイメージがある　・部活動でうまくやりたい

検査結果や行動から考えられる課題
・視覚的な情報，特に目に見えないルールを推測することが苦手　・見えたものに衝動的に反応する
・視覚情報が多いと集中が難しくなったりミスが多くなったり判断に時間がかかる

指導仮説　・場面理解や他者理解を図る上で，得意な言語能力を活用する
　　　　　・衝動的な行動や不注意を減らすように環境を調整し，点検作業を意識してできるようにする

通級における長期目標	①　部活やクラスで良好な人間関係を築くためのスキルを身につける ②　学習においてケアレスミスを減らす	
通級における短期目標	手立て・配慮事項	前期評価（月日）
①　言っていいことといけないことがわかって話せる	・NG ワードノートの作成 ・リフレーミングワードを知る ・声のニュアンスの違いを知る ・ロールプレイによる実践	
②　計算におけるケアレスミスを減らす	・プリントの見方や学習の進め方（環境調整）の確認 ・エラーパターンを見つけリスト化する ・計算前にチェックする習慣の定着	

第2章

通級における学習指導のアイデア

中高生の「読み書きのつまずき」の背景と支援

　中学校で通級による指導を受けている生徒数は，小学校で通級による指導を受けている児童数と比べて著しく少なくなります（文部科学省，2019）。そのため多くの生徒は，日本語や英語の読み書きに困難があっても自分一人で対処することになります。この点で，中学校・高等学校における読み書きに対する支援ニーズは，とても切実であることがわかります。

　読み書き困難に対する効果的な支援やアドバイスは，生徒一人一人の困難の背景を考慮することで可能になります。この点について困難の背景と支援のポイントを示します。

1．漢字と英語のつまずきの分析

　中学生の漢字と英語のつまずきについて調査した研究にMekaru（2017）があります。中学1年生427名，2年生431名，3年生468名を対象に，「英単語の綴り」と「漢字の書きの低成績」の関係について調べました。その結果，①英単語の綴りのみの低成績を示す生徒，②漢字単語の書きのみの低成績を示す生徒，③さらにその両方の低成績を示す生徒の3タイプがあることを認めました。3タイプの総人数は，各学年で全体の約15％でした。

（1）英単語の綴りの低成績に関する要因

　Mekaru（2017）の研究では，英単語の綴りの低成績のみを示す生徒を認めたことから，「英語の読み書き」には「漢字の読み書き」とは異なる側面の力が必要であることがわかります。

　また銘苅ら（2015）は，中学生625名を対象として，英単語の綴りの低成績を引き起こす要因について調査し，次の3つのスキルを低成績の要因として指摘しています。

　第1は，音素の混成を理解するスキルです。すなわち，例えば，“b（ブ）”と“a（ア）”の音素を混成することで“ba（バ）”になるという規則を理解する力です。ローマ字表記は小学3年生で教えてもらい自発的に習得しますが，このスキルが十分でない生徒は，小学校高学年でローマ字の読み書きに弱さを示す場合が多いことを指摘できます。

　第2は，英単語を視覚的に認知するスキルです。単語の形を記憶し，活用する力が不全であると，つづりの視覚的パターンやイメージを活用した学習が困難になります。

　第3は，綴りのルールに気づき理解するスキルです。例えば，“ea”はイーと読むことが多いと理解する力が不全だと，英語をローマ字のように読んでしまう傾向が強くなります。

　これらの3つのスキルのどれか一つでも不全があると，単独で英単語の綴りの習得に弱さを引き起こすので，注意をする必要があります。第1のスキルは，英単語の「文字－音」関係の学習に関係しています。この力が弱く，小学校低学年で日本語のひらがなの音読や特殊音節の表記に困難を示した児童の多くは，ローマ字表記の学習にも苦手さをもちます。したがって，中学校の早い段階で生徒のローマ字表記の習得レベルを把握し，それに合わせた学習支援をすることが大切です。第2のスキルは，視覚情報処理に関連します。

WISC-Ⅳの知覚推理の指標得点や処理速度の指標得点は，視覚情報処理にかかわるので，これらの指標に低成績があるかどうかに注意して支援を計画します。第3のスキルは，英語の習得に特有の問題で，フォニックスの学習としても取り上げられるものです。生徒の習得レベルに合わせて，綴りのパターンと読みの関係の学習を促す課題が効果的です。

（2）漢字の書きの低成績に関する要因

さきほどのMekaru（2017）の研究では，漢字の書きの低成績のみを示す生徒を認めたことから，「漢字の書き」には「英単語の綴り」とは異なる側面の力が必要であることを指摘できます。また，「漢字の書き」のみに低成績を示す生徒の中学2・3年生では，漢字の書きに「読み」の低成績を伴うことを認めましたが，「言語性ワーキングメモリー」の低成績は認めませんでした。これらのことから，特に中学2・3年生では，言語性ワーキングメモリーに問題がなくても，「漢字の読みと書き」の低成績を示す場合があることを指摘できます。

言語性ワーキングメモリーの弱さとともに，漢字の読み書きの低成績の背景要因としては，視覚情報処理の弱さが指摘されています。このことから，中学生では漢字の読み書きについて，視覚情報処理の弱さのために低成績が生じる可能性があることを推測できます。

視覚情報処理は，WISC-Ⅳの知覚推理や処理速度の指標得点に反映されるので，これらの指標得点の低成績に注意して支援を計画します。

（3）英単語綴りと漢字書きの低成績の併存に関する要因

さきのMekaru（2017）の研究では，英単語の綴りと漢字の書きの両方に低成績を示す生徒に，それぞれの低成績の背景要因の重複があることを認めました。あわせて，言語性ワーキングメモリーの低成績を認めました。この傾向は特に中学3年生で顕著でした。このことから，言語性ワーキングメモリーの低成績の影響は学年が進むにつれて強くなり，「英単語の綴り」と「漢字の書き」の低成績をもたらす要因となることを指摘できます。

熊澤ら（2011）は，言語性ワーキングメモリーの弱さを持つLDの児童が，漢字単語の心像性（視覚的イメージの持ちやすさ）や親密度（日頃の経験の中で慣れ親しんでいる程度）が低い場合に，漢字単語の読みの習得が困難になることを報告しています（小学生のLD児32名を対象とした検討）。中学校の学習課題は，さらに抽象性が高く，視覚的イメージで表すことの難しい内容が漢字単語で表されますから，言語性ワーキングメモリーの弱さを持つ生徒にとって，中学校の教科で出合う漢字単語の読み習得の苦手はとても強くなります。同様に，初めて出合う英単語の綴りの習得（音と文字の連合学習）にも強い困難を示します。

以上のことから，中学校で言語性ワーキングメモリーの弱さに対する支援は特に大切で

す。教材の視覚的イメージを高めると言語性ワーキングメモリーへの依存が減り，習得が容易になることもわかってきました。漢字の読み書きや英単語の綴りの支援を行う際には，イラストや写真，具体的な経験を媒介とする働きかけを含めて指導を行うとよいでしょう。

2．言語性ワーキングメモリの発達と支援

　以上のように，読み書き困難の背景要因として言語性ワーキングメモリの関与が大きいことがわかってきましたが，その発達の経過については十分に明らかになっていません。そこで，中学以降の発達について，以下のインタビューを紹介します。インタビューの記録をみますと，中学では「話されていることが，つながらなかった」のに対して，高校では「わかることがあった」と表現されています。中学校時代と専門学校時代で学習の様子が大きく異なる背景には，言語性ワーキングメモリーの発達があると推測できます。

　ワーキングメモリーの働きの一つに，WISC-Ⅳの「逆唱」のように，情報を心の中で保持しながら処理するという二重処理をあげることができます。ワーキングメモリーが発達すると，心の中で二重処理できる情報量が次第に増えていきますが，その発達は青年期を通しても進むことが明らかになってきました（Best & Miller, 2010）。

　中学校時代はワーキングメモリーの制約のために速やかな習得が難しくても，自分に適した習得方法を身につけることで，青年期の学習の幅を広げることが可能です。この点で，中学時代は習得の量を目標とした支援ではなく，「適した習得法であることの自覚」をもたらす支援が大切であると考えます。中学校の学習量はとても多いために支援を行う側も方向性が見えづらくなることがありますが，生徒にとって「適した習得法であることの自覚」をもたらす支援は学習意欲の維持にもつながります。ぜひ心がけて支援してください。

言語性ワーキングメモリーの弱さを持つLDの生徒が成人になった時のインタビュー（一部抜粋）

・今はおいくつですか？　──今年23歳になります。
・学校の中で授業はつらかった？　──つらいというか，今思うと，毎日，英語をやっているような感覚でした。この人は何を言っているんだという感じ。日本語は話しているのだけれど，私には理解できないという感じ。
・先生が語りかけていることはわかるんだけれど，その意味がわからないということ？
　──そう，頭の中で，その意味がくっつかない。ばらばらで，いろいろな単語が出てきてそれがうまくくっつかない。今はくっつくんですけど，その時は。小学校の頃は，頭の中にわからない言葉がたくさん入って，うまくくっつかないでわからない，という感じでした。
・今もそのような感じ？　──今は，そんなことないですね。高校にあがってからは，わかることがありました。でも専門学校に行っているときにはありました。専門がむずかしかったので。でも，それは単にむずかしくてわからない，ということでした。

小学校国語のつまずきの発見と指導①

このような生徒に

中学校では小学校よりも各教科の教科書・資料集・ノート・ファイル・各種プリント類が多くなります。それらの管理・活用ができないと，身辺が雑然となり勉強に集中できません。また，授業ノートを書くことも生徒によっては難しさがあります。目の前にいる生徒に合った整理の仕方を教え，丁寧に扱うことを指導します。

全てが1冊になる「国語ファイルノート」

授業ノート・資料・作文をファイルにまとめる

○ B5の20行縦罫ルーズリーフ……授業ノートとして使う。また，罫線に合わせて，大見出しや小見出し，書き方の参考となる一部分を印刷して，ワークシートとして授業ごとに配布。
○ B5の白紙ルーズリーフ……資料・200字原稿用紙・漢字練習シート等を印刷して配布。
○ B5バインダー……縦書きは右綴じ，横書き（読書記録・題材集め等）は裏から左綴じ。

生徒に合ったワークシート

◎生徒に最適な分量，罫線・大きさ・見出しとする。
　書き方について最小限の説明で済む構成にする。

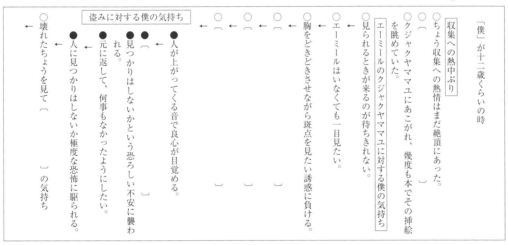

留意点 ルーズリーフの扱い方に慣れるまでは，生徒が綴じるところまで見守ります。仕切りやクリアポケットを付けておくなど工夫するとよいでしょう。プリントを折ったり貼ったりしないですむようにすることと，必要な箇所がすぐ開けられるようにすることが大切です。

小学校国語のつまずきの発見と指導②

このような生徒に

話す喜びや聞く楽しさを味わうことが少なく，声に出して話すことが苦手な生徒がいます。生徒が身につけてきた国語力を認めて引き出すことがまず必要です。短時間で行える学習をしながら，言葉と経験の蓄積を図るために一人一人に合った手立てをみつけます。生徒の心を動かして言葉を獲得させましょう。

アイデア

「聞くこと」「話すこと」を楽しむ

1つのものから3つの話題を考えて話そう

日常生活のささやかなこと，ちょっと目についたことから話題をみつけて，気軽に話すことの楽しさを経験する。

〈手順〉
① 教室内にあるものから生徒が1つお題を決める。
② それにまつわる話題を3つ考え，ワークシートにメモする。
③ 教師も3つ考え，1つを話して聞かせる。
④ 生徒はそれを聞いて同様に話をする。
　生徒が話す時，教師は全身全霊で聞く。

ワークシートの例

テーマ 月　　日 ○○○	テーマ 5月14日 消しゴム	テーマ 4月16日 時　計 ○○○	課題 一つのものから三つの話題を考えて話そう
	いつも角が使える消しゴム 消しゴムとミルキー事件 消しゴムはどこまで使うか	「何時何分です」と告げる時計 一度だけ遅刻した時のこと 腕時計をしなくなって久しい	

ペア音読をしよう

教科書の文章で
○一文交替・形式段落交替・意味段落（大段落）交替など，文章・目的に応じて音読する。
○会話の多い物語は，地の文と会話の一人を教師が読み，もう一人を生徒が読む。
○生徒に合わせて，ふりがなや読むところの色分けプリントを用意する。

教科書外の文章で
○事前に早口言葉，俳句，百人一首など教師独自のアンソロジーを作っておく。
○授業の進行とともに，既習の小説の冒頭や古典の一節，詩などを加えていく。

留意点　教師は，心温まる話，思わず聞いてしまう話，楽しい話，少し考えさせられる話をストックしておきましょう。話す時間は1〜2分にします。音読では，教師と交替で読むことにより，生徒の声の大きさ・速度・内容表現力が変わっていくことを確認します。生徒が読みにくそうにしている部分をチェックしておき，語彙指導・読解指導に役立てましょう。

小学校国語のつまずきの発見と指導③

このような生徒に

語彙が少なく認識や表現が深まらない生徒がいます。そのような生徒も，学習の仕方の工夫と経験の幅が広がることによって，少しずつ確実に言語力が成長していきます。また，主語・述語の関係がねじれてしまうなど，わかりやすい文が書けない生徒には，その都度注意を促すとともに，練習問題でコツを思い出させることが有効です。

5分でできる学習を継続する

フラッシュカードで語彙を増やそう

〈カードにする言葉〉
○授業の重要語句
○熟語・対義語・類義語
○重要古語・ことわざ・故事成語
○文法用語（品詞名や活用形は暗唱で）
○季節の表現（例：秋めく・立秋・暑さ寒さも彼岸まで・秋雨・秋深し・小春日和など）
○時事的な言葉（例：気候変動の危機・再生可能エネルギーなど）

5分間チャレンジプリント

○「あ」で始まる動詞（「わ」まで44個，ら行は難問）
○「あ行」で始まる形容詞（ナ行まで）
　「は行」で始まる形容動詞（ワ行まで）
○「か行・ま行」で始まる名詞
　（例：抽象名詞，地名，人名，書名など）
○「ぶ」で終わる動詞10個（遊ぶ・転ぶ・寝転ぶ）
○「たっぷり」「ぼんやり」タイプの副詞（各10個）
○二字熟語でしりとり

文法の復習ではコツを伝授

「主語—述語」「修飾語—被修飾語」の関係をまず徹底的に教える。

「文法のコツ」ワークシート

コツ1　主語を探すにはまず述語を探せ！
※述語は99パーセント文末にある！
※その主（何が・誰が）は後から探せ！
※例外は主語の省略・倒置法

【一】述語に線を，主語に二重線を引きなさい。

①冷たい　雨が　しとしと　降る。
　（何が　降るの？）
②少女の　帰りは　毎日　遅かった。
　（何／誰が　遅かったの？）
③娘さんは　お茶を　私の　前に　置いた。
　（何／誰が　置いたの？）

コツ2　被修飾語を探すには早まるな！
※一文節ずつ下へ下へつなげて，一番つながりの深い文節を探せ！

【二】被修飾語に線を引きなさい。

①ゆっくり〉車は　進む。
　（ゆっくり　車は？　ゆっくり進む？）
②書物は　私達に　新しい　貴重な　知識を与える。
　（新しい貴重な？　新しい　知識を？新しい与える？）
③日本列島は　地球上で　最も　豊かな　地域の　一つだ。
　（最も豊かな？　最も地域の？　最も一つだ？）

留意点　「フラッシュカード」はテンポよく行います。詰まったら教師がさらっと答えを言い，そのカードは別の山に置いて後で確認します。カードは3～4種類の大きさを常時用意し，1年を通して少しずつ増やします。「5分間チャレンジプリント」のテーマから話を広げると，生徒の関心分野について知ることができます。

応用　四字熟語の上2字・下2字を別々のカードにして，カルタに使うこともできます。

小学校での書くことのつまずきと指導①

このような生徒に

書いた漢字や文字が読みづらく，正確さに欠けるなど，書くことが苦手な生徒は，視覚認知が弱く，漢字の縦線や横線が何本あるか，線が出るか出ないかなどの関心が薄く，誤りが多いです。また，視覚情報を，書くための運動機能に伝えることがむずかしく，スムーズに書けません。様々な感覚を統合的に活用することで，知覚認知を補う指導をします。

様々な感覚を活用しよう

くり返しなぞろう

① 指で手本をくり返しなぞり，書き順を覚える。
　（とめ，はらいなどのポイントは，口頭で説明する）
② 手先で半紙に字を書き，次に筆で実際に文字を書く。
　（書写指導ではないので，見た目より筆順に重点をおく）
③ 紙の大きさを1/4，1/8，1/16と徐々に小さくしていく。
④ 十分理解し覚えた時点で，フェルトペン，鉛筆などの筆記具にかえる。
⑤ ノートに書く大きさまで小さくして練習する。

---

① 文字ばかりではなく，細部への関心や注意を喚起させるための練習を織り交ぜる。
　例：二本線の間に線を描く，渦巻きの中をすり抜ける

② ザラザラした壁紙をはったボードに，指先3本を使って文字をなぞる（触覚刺激を利用する）。

③ 手のひら全体を使って，壁の大きな文字をなぞる。

留意点　ノートは補助線のあるものや，漢字練習はマス目のあるものを使用し，確認させます。
　　　　○視覚優位な生徒への指導例
　　　　→構成するブロックに分けて覚える。

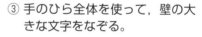

峠　獣　拍　窓

　　　　○聴覚優位な生徒への指導例　　【獣】ツ田一口の犬　　【窓】ウハムのこころ
　　　　→絵かき歌のように言語化しながら書く。【峠】山の上り，下りを分けるところ

小学校での書くことのつまずきと指導②

このような生徒に

授業中に黒板を写す際に、時間がかかり途中で諦めてしまう生徒や、ノートのどこに書いてよいか分からない生徒がいます。教師が配慮するとともに、生徒にはノートの工夫と、目のトレーニングが必要です。視覚的短期記憶が弱く、板書の文字が覚えられず時間がかかる生徒や、どこから書き始めればよいのかわからない生徒は、教師側の工夫で補います。

教師の工夫と生徒のトレーニング

板書とワークシートの工夫

① 教師は黒板を1枚の板書でまとめるようにする。（全く写せない生徒には、板書計画のコピーを渡しておくと、時間が足りなくなった時に貼り付けることが可能になる）
② 大切な部分は蛍光チョークで囲い、必ず授業内に赤やオレンジのペンで写させる。
③ 表にまとめるときは、キーワードを虫食いにしたシートを配布する。

縦に区切って使用

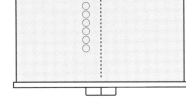

横に区切って使用

自分で行う眼球トレーニング

① 紙面上の離れた2点を追う小さな運動から始め、徐々に距離をとって練習する。
② 左右の指先を少しずつ、上下、斜めに離して、顔を動かさずに眼球で2点をくり返し追う。
③ 室内の目印になる距離のある2点をくり返し追う。

〈参考文献〉 図書文化『教室でできる特別支援教育のアイデア 中学・高校編』
図書文化『学ぶことが大好きになるビジョントレーニング』

留意点　眼球運動がうまく働かない生徒は、板書を見て字句を覚え、ノートに目を落とし、字句を書くという一連の動作ができません。また、顔をあげて再び板書を見たとき、どこを写していたのか、元のところにすぐには戻れません。このような生徒には、ビジョントレーニング（跳躍性眼球運動）が有効です。

文学的文章の読解①

このような生徒に

文章を読むよりも，聞いて理解する力のある生徒には，読み聞かせや，朗読ＣＤを使って，ストーリー全体を把握させることから始めます。言語理解が弱い生徒は，登場人物の関係を図にすることで，読解を深めることができます。ストーリーがおおよそ把握できた時点で，人物カードを使って相互の関係を図にしていくことで理解を深めていきます。

アイデア 人物カードを作ろう

人物関係の図から読解を深めよう

教材例 「少年の日の思い出」ヘルマン・ヘッセ　の場合

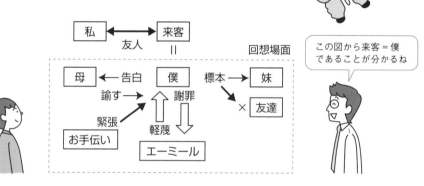

この図から来客＝僕であることが分かるね

① 朗読を聴いて，ストーリーを把握する。
② 登場人物のカードを作る。

| 私 | 来 客 | 僕 | 妹 | 友 達 | 母 | エーミール |

③ 机の上に大きな紙を置き，その中心に主人公のカードを置く。
④ 人物カードを主人公の周りに並べる。
⑤ 人物間に双方の関係を⇒や⇔を使い，言葉に出しながら書き込んでいく。
⑥ いったんカードを外し，手書きで名前を入れて再度確認する。
⑦ 関係図を見て，お互いの関係の中で葛藤が多い関係に注目させる。
⑧ その場面を読み返し，感情のやり取りを具体的に読み取っていく。

留意点　カードは主要人物のみに留め，あとは手書きで記入することもできます。
応 用　カードの色や形で関係性をグルーピングします。

文学的文章の読解②

このような生徒に

登場人物の心情を読み取ることが苦手な生徒がいます。心情を読み取るには，まず，本文に心情が直接表現されている言葉を注意深く探し出します。そのうえで，言葉では表現されていない人物の心情を，文章の中の言葉から場面をイメージし，書かれていない登場人物の心情に少しずつ段階を追って迫ります。

言葉のイメージを広げ，心情を読み取る

イメージを言葉にしよう

教材例 「走れメロス」太宰治　の場合

下記の１～４のステップで，人物の心情を情景描写から読み取る。

〈「走れメロス」の情景描写のステップ〉

ステップ１	情景の描写表現	「斜陽は赤い光を……燃えるばかりに輝いている」
ステップ２	言葉のイメージ	太陽　　夕日　　燃焼　　炎　　輝き　　全力
ステップ３	隠された心情	明るい　　闘志　　意欲　　燃える気持ち　　やる気
ステップ４	作品の読解とのかかわり	メロスの義務遂行への強い心の現れ

ステップ１
・場面や情景が直接言葉で表現されている箇所を抜き出す。

ステップ２
・情景の描写表現（ステップ１）から場面を具体的に思い浮かべ，場面のイメージを言葉にする。
・言葉が思い浮かばない生徒に対しては，写真や絵を見せ，性質や状態を表す言葉に置き換えるようにする。

ステップ３
・場面のイメージを，感情を表す言葉に言い換える。

ステップ４
・描かれた情景が作品のテーマとどう関わりを持っているかを考える。

夕日が沈んでいく中を
メロスが炎のように全力で
走っているイメージ

留意点　情景描写は登場人物の心情ばかりでなく，物語のこれからの展開を予測させたり，暗示したりする役割があることを伝えましょう。主人公の心情は作品の読解に大きな役割を持つことを理解させます。

文学的文章の読解③

このような生徒に

長い文章を読み通すことができない，話の筋はわかるが登場人物の複雑な気持ちや情景描写までは味わえない，共感しにくい，感情が薄いなど，物語や小説についても生徒の課題は様々です。生徒の心を揺さぶるような作品を選び，朗読台本を予習として読ませておくのも自信を持たせる方法の一つです。

アイデア　朗読台本で引き込み，長い小説を読み通す

場面ごとに学習目標を絞って読む

教材例 「走れメロス」太宰治　の場合

場面ごとに教師の朗読を聞き，目標を捉える。

〈場面と学習目標〉

起	話の発端とメロス対ディオニス	時代	
		場所	
		両人物像	
承	妹の結婚と出発	時間の経過	
		天候	
		メロスの行動	
転	メロスの前に現れる敵	三つの敵	
		メロスの心理	
結	再び走るメロス	情景描写	

朗読台本例（冒頭の一部）

▼メロスは激怒した。【大きく強く　ハッキリ　たっ！】

必ず、かの邪智暴虐の王を除か【低く　ゆっくり／やわらかくさらっと　ハッキリ　切らない】なければならぬと決意した。メロスには政治が…《中略》

「王様は、人を殺します。」【文末まで大きく強く】

「王様は、人を殺すのだ。」

▼なぜ殺すのだ。」【低く強く】

「悪心を抱いているというのですが、誰もそんな、悪心をもってはおりませぬ。」

「たくさんの人を殺したのか」【速く】

「はい、はじめは王様の妹婿様を。【切らない】それから、妹様を。それから、妹様のお子様を。【重ねて　ハッキリ　「を」に重ねて】それから、皇后様を。それから、ご自身のお世継ぎを。【徐々に速く】それから、賢臣のアレキス様を。」【大きく強く速く】

▼国王は乱心か」【大きく強く】

▼驚いた。

部分的に精読しながら教師の発問について考える

生徒の感想・好きな場面・疑問・気づいたことから，考えを深めさせる場面・課題を絞る。

生徒の気づき 「セリヌンティウスが疑いの念を抱いたのはメロスが諦めた時ではないか」
　　その時間・場面に戻って，セリヌンティウスの状態と周りの様子を想像しよう。

生徒の疑問 「王様は調子よすぎるし，民衆は優しすぎる」
　　王は最初から邪知暴虐の王だったのか考えよう。
　　王とメロスの人間観をまとめて，自分はどちらにより近いか考えよう。

生徒の感想 「長いけれど面白かった。メロスはすごい」
　　タイムリミットとの闘いという定番でも面白いと感じる理由は何か考えよう。
　　メロスの一番すごいところはどういう点だと考えるか話し合おう。

留意点 生徒の反応を確認しながら教師が朗読します。生徒によっては，ふりがなを振り，傍線などを書き込めるようにした台本を渡し，聞きながら読めるようにします。長い小説ではいくつも学習目標を立てると時間がかかり，小説の面白さが失われるので気をつけましょう。小説の基本は，時・場所・登場人物（その変化）・あらすじがわかることと，何かしらの感動（わくわく，なぜ？，共感，反発）が湧くことです。

文学的文章の読解④

このような生徒に

文学や芸術は，私たちの目を広い世界に向けさせ，どの時代，どの国にも大きな問題があることを問いかけてきます。読解が苦手な生徒は，このような作品の主題を理解する以前に，つまずいてしまうことが多くあります。作品の時代や国の背景を先につかんだり，情景を絵にしたりすることで文章理解を助け，作品に込めた主題にまで迫れるようにします。

作品に合った主題への迫り方を選ぶ

教材例 「故郷」魯迅　の場合

大まかな知識を得てから読む

① 作品の時代背景をワークシートにまとめて確認する。
例：1920年ごろの中国の情勢，身分格差，服装，住居
② 場面ごとに読み，ワークシートにまとめる。
　（場面の情景を読み取って絵にする。）
③ 生徒の感想・疑問・反発をもとに，問いを立て，話し合う。
◆ 何がルントーを変えたのか。「私」は変わったのか変わっていないのか。そう考える根拠は何か。
◆「自分が歩いている道」とはどういう道か。
◆「私」はなぜルントーのことを笑ったのか。
◆ 回想と離郷の場面で浮かんだ映像で変わったもの・変わっていないものは何か。それが意味することは何か。
④ 時代背景と考え合わせて作品の主題をまとめる。
⑤ 私たちの暮らす現在，魯迅の希望は実現したと思うかを話し合う。

回想

現実

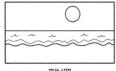

離郷

文体の特色に注目して読む

① 最後の3段落を読み，「私」の思考をたどる。
例：否定の表現に線を引き，願わない生活3つの対句を抜き出す→（新しい生活を願う＝希望する）→希望も手製の偶像に過ぎぬのではないか→（映像）→希望とは…あるものともいえぬし，ないものともいえない
② 文体の特色を考え合わせて，魯迅の思想をまとめる。
③ 作者の他の小品や随想を読む。

留意点　細かい資料から時代背景を読み取るのは難しいので，簡略なものを用意します。教師が口頭で説明して重要事項のみをワークシートに書き込むのもよいでしょう。主題をまとめるときは，感想にならないように書き出しをパターン化することも考えられます。
例1：『故郷』によって表されている作者の思想を，私は「　　　　　」と捉えた。
例2：『高瀬舟』の主題は，「　　　　　」とも「　　　　　」とも考えられる。

説明的な文章の読解①

このような生徒に

文章を順番に読み解いていくよりも，全体を把握することで理解が進む生徒は，まず全体の構造をつかんでから細かな理解を進めると，文章への抵抗が少なく読解に取り組むことができます。

大きな構造からつかもう

教材例「水田のしくみを探る」 岡崎稔　の場合

① 範読後，２回以上音読または黙読する（この時に漢字の読みの確認をする）。
② 構造を考えて区切りに線を引く。難解語句はノートに書き，辞書で意味を調べる。
③ 構造ごとに読み，内容を理解したら，問題提起・本論の具体的な事例・筆者の主張を読み取る。

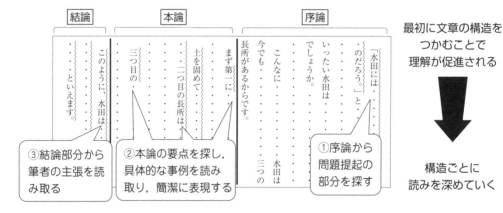

最初に文章の構造をつかむことで理解が促進される

構造ごとに読みを深めていく

コツ　中心的な部分と付加的な部分を読み分けるようにする。
接続語の働きに注目して，段落と段落の関係をとらえると理解しやすい。

〈説　明〉　まず，一つ目，二つ目，次に，また，さらに，一方，ほかにも，実は
〈例　示〉　たとえば，もし，例として
〈まとめ〉　このように，こうして，つまり，その結果
〈結論を導く〉　しかし，とはいえ，けれども，だから，したがって

留意点　写真，図，グラフなどは，本文のどの部分の資料なのかを照らし合わせて理解を深めます。

応用　読み取ったことを，筆者の説明の順序でつないで書いていくと，要約文の練習になります。

通級における学習指導のアイデア

1 つまずきやすい国語の指導

説明的な文章の読解②

このような生徒に

長い文章を一度に読めず，少しずつ理解するタイプの生徒は，形式段落ごとに通し番号をつけ，文章を短く切って読むと，理解しやすくなります。いくつかの形式段落が集まった意味を持つ段落をみつけたら，小見出しをつけて内容理解を深めます。言語による理解が苦手な生徒には，図表や写真による資料から興味を引き出し，内容の理解を深めます。

アイデア 意味段落に小見出しをつけよう

意味段落から文の内容を理解する

教材例 「クジラの飲み水」大隅清治　の場合

① 文章の形式段落ごとに，最後まで通し番号を書き込む。
② 段落ごと，または一文ずつに区切り，少しずつ内容を理解する。
③ 難解語句はノートに書き，辞書で文脈に沿った意味を調べる。
　（複文や重文が理解できない場合は，教師が単文に直して，理解させる）

> ※昨夜，北海道から帰ったばかりの兄の横顔は，なんだか疲れているようにみえる。
> →昨夜，兄は北海道から帰ったばかりだ。兄の横顔はなんだか疲れているようにみえる。

④ いくつかの形式段落が集まった，少し大きな段落である意味段落をみつけ，内容を表す小見出しをつけて，内容と構造を理解する。

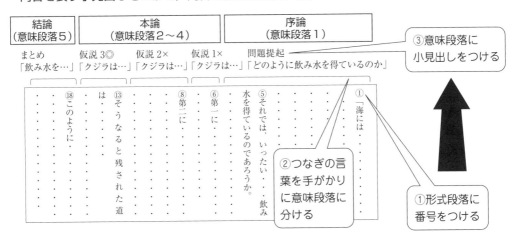

結論 （意味段落5）	本論 （意味段落2〜4）	序論 （意味段落1）
まとめ 「飲み水を…」	仮説3◎　　仮説2×　　仮説1× 「クジラは…」「クジラは…」「クジラは…」	問題提起 「どのように飲み水を得ているのか」

③意味段落に小見出しをつける

②つなぎの言葉を手がかりに意味段落に分ける

①形式段落に番号をつける

⑱このように

⑬そうなると残された道は

⑧第二に

⑥第一に

⑤それでは，いったい…飲み水を得ているのであろうか。

①「海には

留意点 説明文には，写真や挿絵，グラフや図などの資料が添付されていることが多くあります。言語による理解ばかりでなく，様々な手立てを活用して説明文を読み解いていくことを意識しましょう。論説的な文章の場合は，客観的で具体的な証拠（事実）を述べている段落と，推測や判断も含めて意見（仮説）を述べている段落を区別して考えると理解しやすいでしょう。

説明的な文章の読解③

このような生徒に

説明文に自分との関わりを感じられない，部分にとらわれて全体がつかめない，言葉が難しくてピンとこない，科学的なことや社会的なことに興味を持っているが，それが限られた分野に留まっている，という生徒がいます。視野を広げ，説明文の構造に慣れさせ，応用がきくように根気よく指導しましょう。それが自分の意見を書く時の力となります。

アイデア 読む動機を持たせてから読む

物に触れよう

教材例 「ダイコンは大きな根？」稲垣英洋　の場合

〈読む前に〉
① 大根（作品の素材）について生徒と教師で話し合う（食べ方や産地など）。
② ①で話した内容を教師が簡単にまとめて生徒に伝える。
③ 実物を細かく観察し，事実と疑問をワークシートに書く。
〈作品を読む〉
④ 範読を聞きながら初めて知った部分に線を引き，最後に発表する。
⑤ ペア音読し，問題提起とその答え，根拠，筆者の伝えたいことをワークシートにまとめる。
⑥ 実物をもう一度観察しながら筆者の説明を確認する。

２つの絵画を比較して考えよう

教材例 「君は『最後の晩餐』を知っているか」布施英利　の場合

① 修復前後の「最後の晩餐」の絵を観察し，どちらを「本物」と思うか意見を言う。
② 意味段落ごとにペア音読しながら，筆者の主張・「最後の晩餐」に関する基本情報・新技法の分析をワークシートにまとめる。
③ ジョット（14世紀初頭）の「最後の晩餐」の絵を見て，レオナルドの絵と比較する。筆者の言葉を用いながら違いをワークシートに箇条書きにする。

えっ!!これも最後の晩餐なんですか!?

> 手の表現が…（解剖学）／人物の配置は…（遠近法）／キリストは…／光は…等

④最後の意味段落をペア音読し，筆者の新たな主張について意見を述べ合う。

留意点 説明文の基本は，段落のまとまりがわかること，知らなかったことを知ること，評論では筆者の主張に対して自分の考えを持つことが基本です。映画・音楽・法律・論理学・NPO活動など様々なジャンルの文章に触れることで語彙が増え視野が広がります。生徒に応じた文章を集めておくことも大切です。読解後，16世紀末のティントレットの「最後の晩餐」を見て話し合うのも楽しい時間になります。

作文を書く①

このような生徒に

聞く・話す・読むに比べ、「書く」は格段に難しいことです。写字だけで苦労している生徒にとって、表現する言葉を考え、漢字を思い出し、文をつなげる苦労は並大抵ではありません。自分でテーマを決めて意見文や感想文を書くのは、さらに難しくなります。まずは教師との対話を通して、「いつのまにか書けた」という体験を積み重ねます。

対話しながら書く

字のない絵本に文章を添える

教材例1 「絵巻えほん　川」（大判を使用）
前川かずお　こぐま社

① 上流～河口の5場面に描かれている「働いている人」について教師と語り合う。

> どこで どんな人が 何の仕事をしている
> 何のため、周りの景色や人々の様子など

② 場面からいくつかの仕事を選んで、1場面につき1段落の文章にまとめる。
③ 段落をつないで文章を完成させる。

教材例2 「ゆきのひ」
佐々木潔　講談社

① 絵本の「場面」について教師と語り合う。

> 季節・時間・場所・人物・音など

② 一つの絵に2～3文ずつ文章を加える。
③ 全部書けたら、教師がこれ以上ないというくらい上手に生徒の作文を読み聞かせる。

上流で働く人について話してみよう

季節は冬で家が少ないから田舎かな

物語の続きを書く

教材例3 「物語遊び―開かれた物語」
ジャンニ・ロダーリ　筑摩書房

教師と対話しながら物語の続きを書き進める。

インタビュー記事を書く（人物紹介）

教師と一緒に職員（司書教諭・栄養士など）にインタビューして200字程度の紹介文を書く。

留意点 表現する言葉がみつからない場合は、的確な語彙を教えたり一緒に調べたりします。辞書・事典で言葉を確認することは、生徒・教師ともに大切です。図書館で学習を行うと、事典や本に自然に手が伸びます。指導前に教師も作文してみます。

応用 『絵巻えほん　川』を使って、「余暇を楽しんでいる人について」「日本の自然について」「季節の風物について」など、さまざまな視点で文章を書いてみましょう。

作文を書く②

このような生徒に

架空のことや知識として知っていることは書けるが，自分の内的体験や本音を書けない生徒がいます。思春期にある生徒は，ただでさえ周りの目を意識して表現することを躊躇しがちです。人は何かに触発された時，記憶の底に沈めていた感情を思い出して表現したくなるものです。きっかけを用意することで，その生徒にしか書けない文章が生まれます。

アイデア 経験したことのある題材をきっかけにする

先輩の作文をヒントに

① 過去の作文集・卒業文集・生徒会誌など，生徒に適した作文を3～4編選び，書き出しの200字～400字をコピーして，読んで聞かせる。
② 「似たような場面に出合ったこと」「少し違うが思い出したこと」「そういえばこんなことがあったということ」を考えさせる。
③ 書きたいと思った内容について教師に話す。書き出しの1～2文は生徒の言葉を教師がまとめてもよい。

> 「理科の時間の出来事」　　一年E組　川口　直子
>
> 　今は、鉛筆が休みなく走る音も、友達と話す時のあのやっと聞こえる程度の声も、笑い声も、みな一時中断して、珍しく沈黙が続いている。その中で、尾科先生と机の横に起立している二、三人の生徒の声だけが、必要以上に大きく響いて耳に入る。先生は、
> 「おい、そこに立っとる者。先生が来るまで何をしていたんだ。」
> と、起立している生徒一人一人に質問された。そして、立っている生徒は皆……（後略）

「忘れがたい経験」から

① 小さな失敗・大きな後悔・今となっては笑える話などをまず教師が話して聞かせる。
② それを聞いて生徒が語ったことを，教師が原稿用紙の一段落として書いてみせる。
③ 生徒は②を写して2段落目から書き進める。

〈教師のセリフの例〉

> 「私が今でも後悔していることと言うと…姉の大学受験合格発表の日の朝のことです。姉はうきうきしていました。…姉に少し不安を感じた私はつい…（後略）」

「ご飯」をテーマに

・ご飯は誰もが何千回も食べてきているので，書くことがないということはない。
・その生徒にしか書けない，どれも貴重で思いがけないご飯の随筆が生まれる。

〈作文の例〉
夜10時半のご飯
父一人娘一人の夕ご飯
野球の合宿中のご飯
親とけんかして食べ損ねたご飯　など

留意点　すぐに書くことが考えつかなかったり，書く手が止まっても，教師は黙って見守り，沈黙の時間も大切にします。「忘れがたい体験」では，心の小さなとげや，もう少し大きい失敗体験を書くことのきっかけとします。ただし，嫌な思い出にとらわれている生徒に対しては題材選びに細心の注意を払うことが必要です。

応用　「ご飯」の作文では，向田邦子の随筆『ごはん』を読んでから書くのもよいでしょう。

作文を書く③

このような生徒に

作文は「心に浮かんだ絵」の言語化だといわれますが、なんとなく心に浮かんでいたことが、言語化できないまま消えてしまう生徒もいます。このような生徒には、対話によって「何をどのように書くか」という書き手の内的活動へ意識を向けることを助けます。そして、心に浮かんだ絵が消えないうちに、思いつくまま付箋紙にメモさせていきます。

対話で内へ、付箋で外へ

① 対話や質問で、生徒の意識を内面に向ける。

② 「何をいちばん伝えたいか」を考える。
　・短い文章（一文でもよい）にすることで、主題が明確になる。

③ 必要な材料を考えて、どんどん付箋に書く。
　おもしろかったこと、印象に残ったこと、初めて知ったこと、
　感じたことやエピソードなどを書いていく。
　・つながりを考えず、浮かんだことを言葉に置き換える。
　・数枚書いて「もう、ない」という生徒には、「そのとき、
　　どう感じたのか」と教師が問いかけてみる。

④ 教師と対話しながら、話を組み立てる。
　・5W1Hに沿って付箋を並べ替える。
　・類似した内容や関連した付箋をグループにする。
　・不足は新しい付箋で加え、必要のない付箋は省く。
　・必要なところには、別色の付箋で接続詞を入れる。

⑤ 並べた付箋を見ながら、作文の下書きをする。
　後からいくらでも書き直せるので、一気に書き進めさせる。

⑥ 下書を色ペンで推敲してから、原稿用紙に清書する。

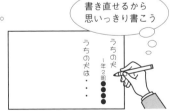

留意点　考えや思いを口に出してから書くことに慣れると、生き生きとした表現につながっていきます。書字の困難が大きい生徒には、パソコンや音声認識ソフト等の使用を検討するとよいでしょう。日常的に、①視写、聴写練習の継続的な指導、②短文作り（使える言葉を増やすとともに、主述の関係、副詞の呼応、修飾語の適否、文のねじれ等を指導）も並行して行い、書くことへの抵抗を減らします。

意見文を書く①

このような生徒に

自分の意見を持つには，身の周りで話題になっていることを知り，それに対して友達や教師や家族がどんなことを問題と感じ，どう考えているかに関心を持つことが大切です。自分が感じている違和感や疑問は，自分だけのものではないかもしれません。多くの立場，多くの人の言葉に触れることで，人と異なる自分の意見を表す言葉を定かにしていきます。

他者の問題意識や意見をスタートラインに

新聞記事をテーマに

例1 校則の見直しを生徒会が申し入れ，話し合いをしている学校の記事から
→我が校の校則について疑問や改善したい点はあるかを考える。

例2 定期考査をなくした公立中学校校長のインタビュー記事から
→自分にとって定期テストのメリットとデメリットは何かを考える。

例3 香川県ゲーム条例についての複数の投書から
→賛成・反対それぞれの論拠を読み取り，自分の考えに近い意見を考える。

例4 一つのテーマをめぐる小中高校生（大学生）の投書から
→自分だったらこんなことも言えるということを考える。

意見の分かれるところに注目する

意見の違いはどのようにして生まれるのか？　さまざまな意見を比較してみよう。

	世界で	日本で	地域や学校で	友達や家族で
1. 現在，意見が分かれているテーマをあげてみよう	例　移民を受け入れるか否か／経済は自国優先か国際協調か	例　原発の是非／少年法の適用年齢18歳に引き下げの是非	例　飛行機の着陸ルート変更の是非／部活動を減らすか否か	例　中高生だけのキャンプの是非／家事分担は公平か否か
2. 自分の考え（意見・理由）				
3. 大人の考え（先生や家族など）				
4. 友達の考え				
5. なぜ意見が分かれるのか				

> 対立の原因では，所属集団の歴史・文化・民族・宗教／利害・力関係・世代／個人の成育環境・人生観・価値観・美意識／知識・経験などに目を向けます。

留意点 休み時間の雑談などから，生徒の興味関心を生かしたテーマを工夫します。自分の意見が決められない生徒には，より近い方としたり，どういう判断材料があれば決められるかを考えさせたりするとよいでしょう。

応用 立場の違いをふまえて自分の意見を伝える難しさとその価値・実践方法について考え，生徒会誌・文集・新聞投書欄などでの意見発表につなげましょう。

意見文を書く②

このような生徒に

意見文を書くには，テーマを深く受けとめて思い考えること，それが何であるのか探索することの蓄積が必要であり，書く過程だけを取り上げて指導することは困難です。しかし，プランニングの力が弱い生徒には，書くための手順をスキルとして提示することが心強い道標となります。道筋を示し，流れに乗って書いていくよう支援します。

 ## 川下りのイメージで

カヌー選び

1 テーマを決める
関心があるもの，意見があるもの，自分に身近なことを選ぶ。
例 「高齢化社会に思う」
　　（災害に備える・SNS の問題・友情とは・コロナ禍の自粛・9月入学など）

問いかけで
スタート

2 問題提起
自分の意見が答えになるように「～だろうか」という疑問の形で，問いかける。
例 「超高齢化社会で世の中はどのように変化するだろうか」

START

流れに乗って
主張を展開！

3 自分の意見
問いかけに対する自分が考える答えを簡単に書く。
例 「2025年を境に社会の構造が変化する」

4 意見の理由①②
事実に基づく具体的な理由を2つ。1つでは説得力に欠ける。
例　理由1「高齢者の増加に加え，現役世代の急減が見込まれるからだ」
　　理由2「労働力が減少する中，医療や介護で AI やロボットが出てくるから」

逆流を
乗り越えよう

5 予想される反論
予想される反論を自ら示し，一定の理解を示すことで，より説得力を増す。
逆接を用いて自分の意見につなげることで，自分の意見をより強固に主張する。
例 「そのような変化など，些細なことだと言う人々もいるかもしれない。
　　しかし，～」

6 自分の意見（主張）
最終的な意見をまとめ，2の問題提起に答える形で記述する。

ゴール！

留意点　反対・賛成といった簡単な主張から始め，200字，300字，400字と徐々に字数を増やして何回も書く（少ない字数では5の反論を省略する）。作文の下書きは最後まで一気に進めさせる（推敲の時点で練り直すことができる）。順番にとらわれる場合は，大きい付箋にメモ書きしたものを使って並びやつなぎを考える。

応用　小論文の構成を考える。仮説を立て，本論で検証を行い，検証の結果を結論とする。

論説文・説明文の要約

このような生徒に

内容はある程度理解できているのに，要約を苦手とする生徒がいます。要約には「読む力」と「書く力」が必要とされます。まずは話してから要約させると効果的です。キーワードを手がかりに，「筆者の思考や論理に流れが沿っていること」「文体に統一感があること」「文がねじれないこと」「例は含めないこと」に注意して要約文を書き上げます。

キーワードをつなごう

> **なぜ要約するの？**：要約とは長い文章を圧縮し，論理的にまとめること。筆者が伝えたいことを，わかりやすく自分の言葉で再構成する。読解と要約は表裏一体で，要約の練習は読解の上達につながる。

1　文章を注意深く読む。
　 要点 と非要点， 意見 と事実， 本文 と引用・例などを区別する。
　 また，文章中の 問題文（疑問文） に着目する。

2　中心内容をみつける。
　①筆者の考えや意見が出ているところ。
　②実例や説明でなく，まとめているところ。

二酸化炭素は
地球温暖化の原因？
温室効果ガスは
他にもある？

3　キーワードに色をつけ，書き出す。
　 キーワード 中心となる語で，何度も繰り返し登場する語に色を付ける。
　　　　　　　１つとは限らず節や文の場合もある。

4　キーワード同士の関係を考え，筆者の言いたいことを自分の言葉でつなげる。

5　要約内容を教師に話す。話すことができたら，文字数を決めて文章にする。
　 制限字数の８割以上になるように書く。
　 多めに書いてから無駄を削ると，引き締まった文章になる。

留意点　要約を書く前に，難しい語句を理解できているか，中心内容をつかめているか，筆者の主張を理解しているか，ノートやプリントに書かせて確認します。

応用　次の方法でトレーニングをくり返します。①新聞の記事や社説・コラムを100字程度で要約する。②さらに短く20〜30字程度に要約する。社説は筆者の主張が明確で，記事はリード文が要約になっているので，答え合わせにも便利です。

試験に役立つ習慣づくり

● このような生徒に

中学校では，問いを聞き取る力とそれに答える力，問いを読み取る力とそれに答える力が，普段のテストや上級学校の入学試験で必要になります。一朝一夕で身につく力ではないので，様々な方法で時を逃さず学習します。

問題をぴったり読み取り，ぴったり答える

「ミッション・ポッシブル」国語辞典・漢和辞典・辞典類を使って

① 生徒は箱の中から短冊を一枚ひいて，ミッションを声に出して読む。
② ミッションの実行中，教師に3回まで確認したり，質問したりしてよい。
③ 最後にもう一度ミッションを確かめてから教師に答えを報告する。

〈ミッションの例〉
○漢和辞典で総画数が一番多い漢字と，その漢字の意味を書いて報告せよ。
○さんずいの漢字を黒板に3つ書け。漢和辞典には，
　さんずいがつく漢字がいくつくらい載っているか，大声で報告せよ。
○国語辞典のほぼ真ん中に載っている言葉は，
　ひらがなの何から始まる言葉か。小さい声で報告せよ。

練習問題や試験問題を教材として

① 問題を声に出して読む。
② 問題を黙読し，問いのいちばんの中心を ☐ で囲む。
③ 答え方の条件に ＿＿ を引く。

○～の漢字の 訓読み を 2 つ書きなさい。
○～はなぜか。その 理由 を文中の言葉を使って説明しなさい。
○ア～オの中で，この文章の 見出しとしてふさわしくないもの を
　3つ選んで記号で書きなさい。
○～は 何 を指していますか。一文節で答えなさい。
○ あなたの考え を50字以内で書きなさい。
○ 他の例 をあなたの体験の中からあげなさい。
○～の部分を 現代仮名遣い に直し，すべてひらがなで答えなさい。

留意点　「ミッション」は初めからつまずかないよう，生徒の力を把握してから行います。座学が続いた時などに短時間で行うとよいでしょう。司書教諭に自分のことを話してお薦めの本を一冊貸し出してもらうなど，辞書以外でも応用可能です。二つ目は考査の前などに行い，テストの一部と同じ形式のプレテストとして，慣れさせるために行ってもよいでしょう。

① つまずきやすい国語の指導
古文への導入

このような生徒に

現代語とは違う言い回しや古典的な仮名遣いに抵抗がある生徒や，漢字や古典的仮名遣い
から音の想起を苦手とする生徒がいます。耳から聞くことをくり返すことで，生徒は古典
のリズムを楽しみ，親しみをもてるようになります。その時代の着物・装束，乗り物，住
まいの構造などを知ることも，生徒を古典の世界へタイムスリップさせてくれます。

アイデア 古典の世界へタイムスリップしよう

【ペアで音読合戦】

① 教師と音読を練習する
・範読を2回通しで聞く。
・教師が一文ごとに単語の切れ目がわかるように読み，
生徒は切れ目にスラッシュを入れて文を短く区切る。
・教師の範読を，フレーズごとに聞いてくり返す。
・古典的仮名遣い（読み方が異なる部分）に注意する。
・読む幅を徐々に広げ，生徒が一人でも読めるようにする。
・1〜2ページ分について行う。
② 生徒同士のペアで読みを確認する。
③ 一人で読めるように練習する。
リズムを楽しみながら，一人で読めるようになると，
音読が楽しくなって，自信がついてくる。

××さん。○○時代にタイムスリップ成功！

読めた！

【視覚資料の活用】

・絵や復元写真などを見ながら，使いみちを想像し
たり，説明を聞いたりする。
例：道具，着物，装束，乗り物，住まいの構造など

教材例 『竹取物語』 平安時代
大空より／人，／雲に乗りて下り来て／土より
五尺ばかり／上がりたるほどに／立ち連ねたり

教材例 『平家物語』 鎌倉時代
この人（いちにん）／一人／討ちたて（たて）まつりたりとも，／負く
べき戦に／勝つべき（ようも）／やうもなし。／また／討
ちたてまつらずとも，／勝つべき戦に／負くる
ことも／よもあらじ

（留意点） 古文のリズムや独特の言い回しに触れて全体のイメージを持たせましょう。個人練習
では自分の声をしっかりと聞きながら大きく音読することを心がけさせます。

（応用） 事前に「物語」として現代語訳の朗読を聞いてもいいでしょう。細かな語句の指導や
文法的な指導は，音読ができるようになってから始めます。学習後は登場人物の気持
ちやものの見方を一緒に考え，古の人々に思いをはせてみましょう。

古文の指導

このような生徒に

時代とともに，言葉は変化します。同じ言葉でも今と昔では意味が異なるものや，今はほとんど使われず古文の中でだけ頻繁に使われる言葉もあります。それらのなかから代表的な言葉を理解し，意味を覚えておくことで，古文に親しむことが容易になります。短い時間でくり返し覚えることができるフラッシュカードを作って練習します。

アイデア フラッシュカードで古語を覚えよう

教材例 『枕草子』清少納言　の場合

1．覚えたい古語を決める。
　1回に10語程度。頻出単語，現代語と意味が異なる言葉を中心に。

> 序段　あけぼの，やうやう，さらなり，なほ，をかし，いと，あはれ，はた，つとめて，つきづきし，わろし
>
> 序段以外　あさまし，ありがたし，いとほし，いみじ，うつくし，おどろく，かなし，かしこし，すさまじ，げに，めでたし，やがて，ののしる，さうざうし

2．フラッシュカードを作る。
　・八つ切り画用紙を縦半分に裁断。
　・表に古語（黒），裏に現代語（赤）を書く。
　・ヒントとして簡単な挿絵を入れてもよい。

3．古語を見て現代語に言い換える。
　・フラッシュカードを見せながら，教師がゆっくりと古語を読み上げる。
　・生徒が現代語を答えたら，裏面の現代語訳を確認する。間違えていた場合は，一緒に正しい現代語を読み上げる。

留意点　2回目以降，徐々に答えるスピードをあげて行います。

応用　学習に慣れてきたら生徒同士で行うのもよいでしょう。一人でできるようになったら，いろいろなサイズで，いろいろな単語カードを作って，多くの古語を覚えることができます。

① 古典の指導

このような生徒に

百人一首などを通して小学校から古典のリズムに慣れ親しんでいる生徒がいる一方，苦手意識を持つ生徒もいます。古典も書かれた当時は現代語であり，そこに出てくる人々も言葉を語り，私たちと変わらぬ喜怒哀楽を持っていたことが伝わると，古典に向き合う姿勢ができます。

アイデア 言葉の違いで興味を持たせる

上代日本語で聞いてみよう

① 歌が作られた当時の音を聞く。
② 昔の音が歴史的仮名遣いにも少しだけ残っていることに触れ，生徒に「を」を普段どのように発音しているかを聞く。その後，当時の「を・ゐ・ゑ」の発音を聞かせる。

パルーツンギーテー
ナトゥキタルラチー
チロタペノー
カラマポチータリー
アマノカングーヤマ

春過ぎて夏来たるらし白妙の
衣干したり天の香具山
（万葉集　持統天皇）

何の歌かな？

八百年前の「声」を聞こう

① 平曲の冒頭のゆっくりしたリズムを聞き，琵琶法師が何百年に渡り語り継がれてきた重みを感じさせる。
② 語り物ならではの対句で構成された冒頭の内容を大まかにとらえ，暗唱に挑戦する。

祇園精舎の鐘の声，
諸行無常の響きあり。
沙羅双樹の花の色，
盛者必衰の理を表す。
おごれる人も久しからず，
ただ春の夜の夢の如し。
猛きものも遂には滅びぬ，
ひとへに風の前の塵に同じ。

平家物語を冒頭だけ聞いてみよう

現代仮名遣いと現代語訳

歴史的仮名遣いを現代仮名遣いに直すことと，古語を現代語に直すことの違いを理解させる。
① 「竹取物語」を古文で読む。
② 範読・一文リピート・ペア音読（一文交替／現代語訳）を十分にする。
③ ワークシートを使った基礎学習へ進む。
　※現代語訳の中から，古語に相当する部分を過不足なくとらえる練習をする。
　※訳して終わりにしない。「『いてもたってもいられない』と言うね。つまり…」など説明を加える。

《現代仮名遣いに直しなさい》
つかひけり ＝つかいけり
うつくしうて＝うつくしゅうて
ゐたり ＝いたり

《古語を現代語に直しなさい》
光りたり ＝光っている
見れば ＝見ると
いと ＝たいそう
うつくしうて＝かわいらしい姿で
ゐたり ＝座っていた

擬音語・擬態語の理解

教材例　平家物語「扇の的」「弓流し」

① くり返し音読をする。
② 対句表現・擬音語・擬態語に注目してワークシートの空欄を埋める。
③ 教師が那須の与一となって一場面を印象的に演じてみせる。演じる中で，現在も使われる体言止めの強調法と係り結びを重ねて理解させる。
　（射抜いた音など）

《擬音語・擬態語と対句表現》

（扇を）**ひいふつ**とぞ射切つたる。

かぶらは海へ入りければ、

扇は空へぞ上がりける。

（扇は）海へ**さつ**とぞ散つたりける。

沖には平家ふなばたをたたいて感じたり、

陸には源氏えびらをたたいてどよめきけり。

源氏の方には、またえびらをたたいてどよめきけり。

平家の方には、音もせず、（　シーン　）

（男の頭を）**ひやうふつ**と射て、船底に逆さまに（略）

源氏「あ、射たり」といふ人もあり、

また、「情けなし」といふ者もあり。

漢字の音読みは中国由来

教材例　孟浩然「春暁」

① 中国語で2回聞く。
② 一字一字ゆっくり発音を聞き，日本語の音読みと似た発音の文字を囲む。
③ 音読みに似た漢字を教師と確認する。
　例：眠（min），来（lai），知（zhi）など
※音読みと訓読みが理解できていない生徒には音読みが中国語の音であることを確認する機会になる。
④ 漢詩の構成・脚韻などの表現技法を知る。

Chūn	mín	bù	jué	xiǎo
春	眠	不	覚	暁
Chù	chù	wén	tí	niǎo
処	処	聞	啼	鳥
Yè	lái	fēng	yǔ	shēng
夜	来	風	雨	声
Huā	luò	zhī	duō	shǎo
花	落	知	多	少

漢字をそのまま日本語に生かし，日本語を豊かにした先人の知恵を学ぶ

《訓読法》　※原則を教える

1　その漢字の左下に注目

□ ＝無印　　□レ ＝レ点

□一 ＝一点　　□二 ＝二点

2　読む順序の決まり

① 無印の漢字は上から下に読む。

例
1	2	3
4	5	

② レ点が出てきたら、すぐ下の漢字を先に読み、レ点の漢字に戻る。

例
2	1
3レ	
5	4レ

例
1レ	2
3レ	
4	5レ

③ 二点が出てきたら、一点までを先に続けて読み二点の漢字に戻る。

例
1	2レ
3	5レ
2	4二

例
4二	1
	2
	3一
	5

《練習問題》　読む順番に数字を入れよ。

ア　□　□レ　□

イ　□　□レ　□

ウ　□　□レ　□

3　漢字右下の片仮名は、日本語の文に近づけるため補った記号。その漢字に続けて読む。

※万葉仮名・平仮名・片仮名・和漢混交文の成立までの先人達の工夫を振り返る。

詩歌の指導

このような生徒に

詩や短歌，俳句に魅力を感じない生徒は多いようです。「この詩は小学校でやってからもう3回目だ」とうんざり顔の生徒もいます。教科書で学習する作品だけでなく，合唱コンクールなどの曲の歌詞を取り上げて解説すると，詩歌への見方が変わります。生き生きと生徒が取り組み，歌詞への理解も一気に深まります。

アイデア

詩歌の授業がマンネリにならないための工夫

歌詞を教材に

① コンクールの課題曲・自由曲，卒業式の曲などの歌詞を印刷する。
②「詩」として何度も音読する。（一文交替・斉読・男声 / 女声でなど）
③ 詩の表す光景や伝えたい思いを生徒に質問する。

> 問いの例
> 「この部分，目に浮かぶ光景は？」
> 「一番盛り上げるところはどこ？」
> 「長く伸ばすところに込められた意味は？」
> 「リフレインしているのはなぜだと思う？」
> 「空白（間奏部分）に込められた思いは？」

④ 既習の詩の技法（倒置法・反復法・対句法・直喩・暗喩・体言止めなど）を押さえる。

短歌の連作並べ

教材例 「死にたまふ母」斉藤茂吉

六〜七首を短冊に書き，連作の順に並べる。

俳句の共通点探し

学習した俳句　　　　　共通点をもつ俳句
（8句程度）　←→　　（8句程度）

音読を繰り返してから共通点を見つける。

> 例：色彩が同じ　季節が同じ　音が聞こえる
> 　　静か　明るい　暗い　楽しそう　鮮やか
> 　　動きがある　一人である　朝（夜）である
> 　　子どもがいる　普通のリズムと違う

お題を決めて俳句を詠む

①「季節の好きな○○」を入れて詠む。

> 食べ物：いちご，アイスクリーム，サクランボ
> 遊び：ぶらんこ，ラグビー，花火，プール
> 花：向日葵，薔薇，桜，金木犀

②「上五（下五）の句」を指定して詠む。
　季語は必ず入れる。

> 例：夏が来る，教室に，青々と，真っ白な
> 　　チューリップ，雪だるま，シャボン玉

留意点　歌詞を使った学習は，合唱練習が進み，練習や曲自体に少し飽きてきた頃に行うとよいでしょう。教師は手本として，生徒が理解している以上のことや，分かっていても言語化できていなかったことを言葉にしてみせます。教科書を読んで詩や歌の意味を解釈し，鑑賞内容をノートにまとめるような，地道な学習も並行して行います。

鑑賞

このような生徒に

限られた音数で書かれた短歌や俳句は手がかりが少ないため，文章が読める生徒でも理解が困難だと感じることが少なくありません。言葉からどれだけ情景を豊かに思い浮かべることができるかで，作者の思いも把握しやすくなります。大意のつかみやすい現代短歌や百人一首の和歌を使って，鑑賞してみましょう。

五感を使って鑑賞し，鑑賞文を書こう

鑑賞しよう

① 句切れ(意味の切れめ)に線を引く。
　　間をとって，くり返し音読して味わう。

> 白鳥はかなしからずや / 空の青
> 　海の藍にも染まずただよふ　北原白秋
> その子二十歳 / 櫛に流るる黒髪の
> 　おごりの春の美しきかな　与謝野晶子

② 作品の背景を知る。

> 瓶にさす藤の花房短ければ /
> 　畳の上にとどかざりけり
> 　　　　　　　　正岡子規

・脊椎の病をもつ作者は病床にあった
・作者の視点は畳の近くにある

③ 五感を使って情景を思い浮かべる。

> A　春過ぎて夏きにけらし　/　白妙の衣干すてふ天の香具山　　　持統天皇
> B　細胞のなかに奇妙な構造のあらわれにけり　/　夜の顕微鏡　　　永田紅

Aの情景…晴れた青空，山の木々の緑，太陽の光，白い衣，晩春の草花の色など
Bの情景…静まり返った夜更けの研究室，人気がない，顕微鏡の静けさ，鼓動の高鳴り

④ 作者の心情を推し量る。

Aの心情：衣替えの情景に新しい美しい季節の到来を感じ，すがすがしい気持ち
Bの心情：夜更けまで顕微鏡を見続け，新たな発見への期待に胸が高鳴っている

⑤ 自分の感想を持つ。
　　なぜ惹かれたのか，印象に残るところ，作者と共感できるところなど，自分なりの感想を持つ。

鑑賞文にしよう

①和歌・作者名　②和歌の大意　③情景
④作者の心情　⑤自分の感想　⑥表現技法
　　　　　　　　　　　　　　（特別なものがあれば）

※①〜⑥の順で，項目名は書かず，段落を改めて文をつなげると鑑賞文らしくなる。
（文末を工夫し，自分の感想と区別する）

留意点　鑑賞の原点はくり返しの音読です。リズムを感じながら詠み，味わいましょう。情景はカラー画像を思い描くように，「どんな色？　音は？　匂いは？　天気は？　風は？　温度は？　時間は？」と自問自答します。

応用　詩は表現技法により強調された部分に注目し，作者が描こうとした世界をイメージします。連と連，行と行の変化から心情の変化を読み取りテーマに迫ります。

「数学のつまずき」の背景と支援

　中学・高校で数学につまずきのある生徒には3つのタイプがあると思われます。

1．学習機会が不十分であり，未学習なことが多い場合

　知的能力が平均範囲以上の場合でも，小・中学生の時に不登校や引きこもりなどがあった場合には，未学習からくる学業不振が起こります。このような生徒たちに対しては，どこに未学習の期間があるのか，成育歴を見ていき，欠如してしまった学習段階を補う必要があります。単に「そこまで戻って学習」ということでなくても，生徒の興味関心を考慮した上で，どのようなことから学習するか，導入部分を検討する必要があります。

2．知的能力が知的境界線にある生徒たち

　統計学的には，知的障害の出現率が2.2％であるのに対して，知的境界線の生徒たちの出現率は13.6％になります。これは，1クラスを約40名とすると，通常の学級の中に5〜6名程度存在することとなり，けっして見過ごせるような小さな集団とはいえません。

　知的境界線の子どもは，例えば，水を1つのコップから他の容器に移したのを見ていれば，同じ量であるということが分かります。また，同じ10個の積み木が，1列に10個積みあがったものと2列に5個積んだものが同じであることは分かります。このように，算数・数学的には，具体的な計算操作などの手続き，重さ，長さ，距離などについては理解できるようになるいっぽうで，形式的操作段階には到達しません。直接的観察から得られた事実からでなければ，抽象的・仮定的な推理から判断し結論を導き出すことは困難なのです。このようなところでつまずきがあると，たとえ義務教育の内容ではあっても，中学校数学の内容を習得することは当然困難となります。例えば，文字式や二次関数などの抽象的な思考を獲得するのは難しくなります。

　知的境界線の生徒たちは，知的障害と診断されるわけではないので，知的障害教育を受けられるわけではありません。そのため，算数・数学だけではなく，学業成績の悪さ，理解不十分なためにおこる失敗体験などを多く体験してしまうことになるのです。

3．発達障害があり算数の困難がある場合：限局性学習症の中の算数障害

　算数・数学につまずきがある生徒で，全体的な知的能力が平均あるいはそれ以上である場合には，算数障害の可能性もあります。この算数障害という状況では，認知能力にアンバランスがあるために，できることと，できないことの両者が存在することになります。

　DSM−Vにおける限局性学習症（SLD）の中の算数障害がある場合には，数字の概念，数値，または計算を習得することの困難と，数学的推論の困難さがみられ，そしてその中には，①数の感覚，②数学的事実の記憶，③計算の正確さまたは流暢性，④数学的推理の正確さの困難が挙げられます。②と③はかぶるところがありますが，②数学的事実の記憶

は暗算に、③計算の正確さまたは流暢性は筆算に分けて考えます。

（1）数の感覚

数が順番に並んでいることを表す「序数性」と、数が量を表す「基数性」という2つの側面があります。前者は、101, 102, ……105, …107など、数字が順番に並ぶことの理解です。高校で扱うような大きな数になっていけば、これらが難しい生徒がいても当然でしょう。後者は数の量としての概念です。これが獲得されないと数直線の表現の理解が進みません。

（2）数学的事実の記憶

数学的事実の中で、計算にかかわる数の関係が事実として記憶や知識に蓄えられているものを数的事実といいます。全体的な知的能力が高い生徒でも、認知能力のアンバランスがあるために、このあたり（加減乗除）の暗算に時間がかかっている場合があります。

表2-2-1　暗算の範囲の計算（数的事実となり自動化されるべき計算）

たし算	ひき算
・和が10までのたし算 　例　1+1=2（1, 1, 2） 　　　4+2=6（4, 2, 6）　　など ・和が20までのたし算 　例　7+8=15（7, 8, 15） 　　　6+7=13（6, 7, 13）　　など	・被減数が10までのひき算 　例　3-1=2（3, 1, 2） 　　　8-4=4（8, 4, 4）　　など ・被減数が20までのひき算 　例　14-7=7（14, 7, 7） 　　　17-9=8（17, 9, 8）　　など
かけ算	わり算
・九九の範囲のかけ算 　1×1=1（1, 1, 1）から9×9=81（9, 9, 81）	・九九の範囲のわり算 　1÷1=1（1, 1, 1）から81÷9=9（81, 9, 9）

（3）計算の正確さまたは流暢性

筆算には、「この数字と数字をかけ、10の位に書いて、のちにたす」などと複雑な計算手続きがあります。これらの手続きを次々にスムーズに実行することができて、はじめて計算の正確さや流暢さが担保されます。また、筆算では、このような計算手続きとともに、多数桁の数字の配置や筆算の計算式を書き間違えないようにしなければなりません。

（4）数学的推理の正確さ

算数・数学を学んでいく上で学習される数学的推理には多くの種類があります（片桐, 2017）。なかでも帰納的推論、演繹的推論、類推的な推論は核となるものです。これらはさらに、実際に文章題の問題を解く時の困難の段階にもつながります。

①帰納的推論：2, 4, 6, 8……などの数字の系列があった場合に，次の数字がどのように
　なるのか，この数系列は，どのようなルールで続いていくのか，などのことが推理で
　きることです。
②演繹的推論：例えば，台形の面積は，（上底＋下底）×高さ／2という公式があると
　すると，自分が見ている図形のどこが上底，下底，高さにあたることかを考え，公式
　や規則を当てはめられることです。
③類推的な推論：様々な図形の中で，合同な図形が分かる，または相似な図形が分かる，
　さらには，方程式があるとき，同じような例を使ったことがあり，それに合わせて，
　その方程式等の解法ができる，などです。
④文章題の解法：これらのほかに，欧米の多くの個別式学力検査の中で評価に使用され
　ているものとしては，「文章題」があります。これらは，上記のような推論を使いま
　すが，解法プロセスを考えると，統合過程，プランニング過程というものがあり，そ
　れらのいずれかの問題点も考える必要があります（熊谷・山本，2018）。

　表2-2-2は，生徒によく行われる知能・認知検査の結果と算数障害がどのように関係
しているかということを表にしたものです。チェックした項目同士の関連性に大きい・小
さいの違いはありますが，おおよそ，このようになっていると考えられます。

表2-2-2　知能検査での認知能力の特徴と算数障害との関連

関係する知能検査の指標や尺度	①数の感覚（序数性, 基数性）	②数的事実の記憶（暗算）	③計算の正確さまたは流暢性（筆算）	④数学的推論の正確さ（推論, 文章題）
言語理解*	✓			✓
知覚推理*	✓			✓
ワーキングメモリー*		✓	✓	✓
処理速度*			✓	✓
継次**／***	序数性 ✓		計算手続き ✓	✓
同時**／***	基数性 ✓		数の位取り ✓	✓
学習**		✓		
計画**			✓	✓
プランニング***			✓	✓
注意***	✓		✓	✓

＊ウェクスラー検査の指標　＊＊KABC-Ⅱの尺度　＊＊＊DN-CASの尺度

高校3年生男子（ASDの診断あり）の事例

（本事例は個人情報がわからないように本質を変えない範囲で内容を書き換えています）

　本生徒は小学校の時に算数が苦手で，成績はクラスで最低レベルであった。中学校の時には成績が平均くらいとなり，高校では良好な成績がとれるようになった。

　授業の中の論理的思考や事象についての理解はできるが，以前から計算が遅くて仕方がない。大学共通テストの数学の試験において，時間延長の特別措置を申し出たい。

　＜検査結果＞

　WAIS-Ⅳの結果はFSIQ 110で「平均〜平均の上」であった。しかし，各指標（VCI 114，PRI 119，WMI 105，PSI 69）間で，特にPSIが他の指標より有意に低いというアンバランスがあった。そこで，時間制限がない算数検査として，KABC-Ⅱの習得検査を実施した。その中の＜計算＞と＜数的推論＞の結果は，評価点が15，13と有意に高い結果であった。その反面，計算測定システム※においては，暗算の範囲の計算について，九九の範囲のかけ算以外は，1.5秒以内という自動化の範囲を超えて時間がかかっていることが明らかとなった。

　以上のことから，本生徒は，計算の自動化ができておらず，よって数的事実が成立していないということが示唆された。

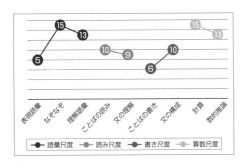
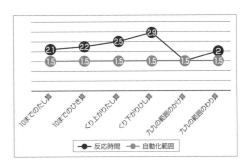

図2-2-1　KABC-Ⅱの習得検査の結果（生活年齢17歳5か月）

図2-2-2　計算測定システム※における暗算範囲の加減乗除算の計算時間(秒)

※研究室で開発した，暗算レベルの計算の反応速度と正答率を出すシステム

　生徒のできるところ，できないところ，できない場合の誤答を分析することは大切です。なぜなら誤り方の傾向は認知のアンバランスを表しているからです。なお，ケアレスミスが頻繁な場合は，ADHDの併存や，そちらの要因が高い可能性についても考えましょう。

小学校算数：九九でつまずく

このような生徒に

「整数の性質」の復習をすると，素因数分解・累乗・最小公倍数でかけ算が出てきます。かけ算でつまずいている生徒は，九九を正しく覚えていない，活用する決まりを理解していない，結合法則や分配法則が分かっていない，筆算の手順を理解していない，などの原因があります。つまずきの原因を探って理解させていきます。

復習しながら理解度を確認しよう

復習1 九九を正しく覚えているか

① 九九を唱えるときに特別な言い方をするところに読み方を書き入れる。

> $2×4$（にし），$2×7$（にしち），$4×8$（しは），$7×4$（しちし），$7×8$（しちは），$7×9$（しちく，※$4×9$（しく）と間違えないように），$8×8$（はっぱ）

② 9の段から1の段にさかのぼって暗唱できるようにする。
③ 暗唱できない生徒には，6の段以降のカードを作り，持たせるとよい。
④ たし算・ひき算・かけ算が混在した文章題を使い，演算決定力，計算力の維持をしていく。

復習2 いろいろな方法でかけ算の答えを出す

- 作業的な活動で答えを出す → ●●●● + ●●●● + ●●●● ＝12
- 累加で答えを出す → $7+7+7+7=28$
- きまりを使って答えを出す → $8×4=32$なら　$8×5$は，$8×4+8=40$
- 結合法則，分配法則で答えを出す → $12×5×2=12×(5×2)=120$
  $23×3=(20+3)×3=60+9=69$

復習3 かけ算の筆算方法

① 単純な計算から練習する → $21×4$　　$11×8$　　$72×3$
② 繰り上がりのある計算の手順を練習する → $324×9$
③ 2位数×2位数の筆算の仕方を練習する → $27×49$

復習4 文章題

- 3つの数のかけ算を立式し，かけ算のきまりを使って計算する

> 1個95円のケーキが，3個ずつ入った箱があります。4箱買うと代金は何円ですか。
> 【正答】$95×3×4=1140$　答え　1140円

- かけられる数とかける数の捉え方

> トラックに荷物を35個積みます。1個の重さは24kgです。荷物全体の重さは何kgになりますか。
> 【誤答の例】$35×24=840$　答え　840kg　**かける数とかけられる数の意識が弱い**

- かけ算とたし算の2段階思考で問題を解く

> 1個75kgの荷物43個を，重さ80kgの箱につめました。全体の重さは何kgですか。
> 【誤答の例】$75+80=155$　$155×43=6665$　答え　6665kg　**演算決定のつまずき**

小学校算数：わり算でつまずく

このような生徒に

わり算を間違える生徒は「いまさらわり算ができないとは言えない」などの理由から，できないことに教師が気づきにくい場合があります。演算の仕方を忘れている，小数点のあるわり算の仕方が理解できていない，検算の仕方が分からないなど，わり算につまずく原因はさまざまです。スモールステップで段階的に指導します。

復習しながら理解度を確認しよう

復習1　わり算の仕方の基礎

① 「2位数÷1位数」…九九を使って答えをだす。
② 「2位数÷2位数」…穴埋めで筆算する。
③ 「3位数÷2位数」…穴埋めで筆算する。
④ どんなに位が多くなっても，大まかな数で商を予想する。

復習2　小数点のある割り算

① わる数・わられる数を整数にする。
　※ 小数点の移動は，10倍なら右に1つ，100倍なら右に2つ
② 答えの見当をつけ計算する。
③ 答え（商）は，小数点を真上につける。
④ あまりは，元の小数点があった位置につける。

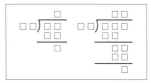

復習3　検算の仕方「1.96÷0.3の場合」

① 逆算して元の数になるか確認する。
　【正答】6.5 あまり 0.01　　　【誤答】6.5 あまり 1
　【検算】0.3×6.5＝1.95　　1.95＋1＝2.95
　　　　　　　　　　　　　　元の数は1.96なので×
② あまりの数が，わる数より多くなっていないか確認する。
　【誤答】6.4 あまり 0.4　　← 0.4＞0.3なので×

復習4　文章題から，立式と検算をする

問題文に即してわり算の関係をとらえる練習をする

> 赤いテープの長さは684cm です。この長さは黒のテープの12倍です。黒のテープは何 cm ですか。
> 【誤答の例】684×12＝8208　**演算決定と単位の間違い**

> 生徒が12名います。全員で栗を96個拾いました。同じ数ずつ分けると1人何個になりますか。
> 【誤答の例】12×96＝1152　**演算決定のつまずき**

復習5　電卓の使用

筆算が苦手な場合，大きな数のわり算には電卓を使用する。電卓を使って検算もできるよう指導する。ある程度できたら，文章題からの演算決定→立式→計算と一体的に行って力をつける。

小学校算数：分数でつまずく

このような生徒に

計算につまずいている生徒に，何が分からないのかと聞くと，大半が「分数が分からない」と答えます。分数の意味や表し方，仮分数と帯分数，分数の大小など基本的な部分での理解が不足しているからです。作業的な活動や，図や数直線を使った練習をくり返し，分数の計算ができるようになるまで丁寧に指導していきます。

復習しながら理解度を確認しよう

復習1 基礎の復習

① 同じ大きさの色紙を何等分かし，1片の大きさを分数で表す。
② 色塗りした部分の全体を分数で表す。
③ 数直線上の数を分数で答える。
④ 「$\frac{1}{5}$ が3個集まった数は□」「$\frac{5}{7}$ は $\frac{1}{7}$ を□個集めた数」など，□を埋める質問で分数の仕組みを理解させる。

復習2 仮分数と帯分数のポイントを押さえる

・分子が分母と等しいか，大きい分数の表し方が仮分数。
・整数と真分数の和として表したのが帯分数。
・同じ大きさを仮分数と帯分数で表せる。

仮分数	帯分数	同じ大きさ
$\frac{6}{5}$ $\frac{9}{7}$	$4\frac{4}{5}$ $3\frac{1}{4}$	$2\frac{2}{3}=\frac{8}{3}$

復習3 分数の大小を比較する方法

① 数直線上で比較する。
② 仮分数を帯分数に直して比較する。
③ 分数を小数に直して比較する。
④ 整数は分数にする（分母を1とする）。

① 0 ―――――― 1
  $\frac{1}{5}$ $\frac{4}{5}$

② $\frac{10}{7} \Rightarrow 1\frac{3}{7}$

③ $\frac{7}{10} = 0.7$

④ $3\frac{1}{3} = \frac{3}{1} + \frac{1}{3} = \frac{9}{3} + \frac{1}{3} = \frac{10}{3}$

復習4 分数の計算 ―たし算―

① 分母が同じということは，「単位が同じ」であるということを基本にして指導する。
② 帯分数は，仮分数にしてから計算する。
③ 約分してから計算する。
④ 分母と分子に同じ数をかけても，わっても，大きさは変わらないことを理解させる。

① $\frac{1}{5} + \frac{3}{5} = \frac{4}{5}$ （$\frac{1}{5}$ が4つあること）

② $1\frac{1}{5} = \frac{6}{5}$

③ $\frac{7}{42} + \frac{3}{18} = \frac{1}{6} + \frac{1}{6}$

④ $\frac{1}{3} \Rightarrow \frac{1 \times 4}{3 \times 4} = \frac{4}{12}$ $\frac{4}{12} \Rightarrow \frac{4 \div 4}{12 \div 4} = \frac{1}{3}$

復習5 分数の計算 ―ひき算―

① 分数のたし算が十分理解できてから，ひき算を行う。
② 最小公倍数を用いた通分の仕方を復習する。
③ 最大公約数を用いた約分の仕方を復習する。
④ 計算した結果と答えを吟味する。

② $\frac{1}{4} - \frac{1}{6} \Rightarrow$ 通分して 12 に分母を揃える

③ $\frac{7}{42} \Rightarrow$ 7で約分できる

小学校算数：割合でつまずく

このような生徒に

日常的に「１割引き」や「果汁100％」などと言葉を使っていても，計算で求めることができない生徒がいます。歩合や百分率の意味を理解していなかったり，計算の仕方を忘れている場合が多いのです。「割」と「％」の意味が分かると，計算の仕方も理解できます。日常生活で使われている「言葉を使って」理解を深めていきます。

復習しながら理解度を確認しよう

復習1 「割」と「％」の意味

① 割合とは，そのものが全体に占める量のことをいう。
②「７割」を小数で表すには，7を10でわる。
③「70％」を小数で表すには，70を100でわる。
④ 7割や70％は，もとにする量の0.7倍という意味。

重要！
$$7 割 = 70\% = \frac{70}{100} = 0.7$$

復習2 「割」と「％」の関係を表で理解する

表とカードを作成する

％	10	20	30	40	50	60	70	80	90	100
割	1	2	3	4	5	6	7	8	9	10

両面のカード
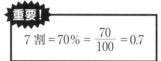

バラバラのカード
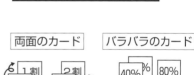

復習3 小数と分数の，かけ算・わり算の復習

割合の計算には，小数と分数の計算が必要なので，復習をする。

① $3 \times 0.25 = 0.75$ ② $\frac{3}{7} \times \frac{2}{3} = \frac{6}{21}$ ③ $0.8 \div 0.2 = 4$ ④ $\frac{3}{5} \div \frac{1}{3} = \frac{3}{5} \times \frac{3}{1} = \frac{9}{5}$

復習4 公式を使って答えを求める練習をする

① 割合 ＝ 比べる量 ÷ もとにする量
② 比べる量 ＝ もとにする量 × 割合
③ もとにする量 ＝ 比べる量 ÷ 割合

復習5 割合の問題文を式に直す

① 30人の4割は□人です → $30 \times 0.4 = 12$ 　答え　12人
② 50人の□割は15人です → $50 \times □ = 15$ 　答え　3割
③ □人の2割は，4人です → $□ \times 0.2 = 4$ 　答え　20人　（※計算過程は省略）

復習6 日常生活で，「割」や「％」を求めよう

① ジュースの果汁30％は何割？ → ジュース 果汁30％ ⇒ 3割
② 100mℓ中，果汁20mℓなら濃度何％？ → 100mℓで果汁20mℓ ⇒ 20％
③ 8人中2人が当たるくじ引きの確率は？ → 8人で2人⇒$\frac{2}{8}$ ⇒$\frac{1}{4}$ の確率＝25％

正負の数①

このような生徒に

「正負の数」を学習すると，０より大きい数を「＋（プラス）」と読み，０より小さい数を「－（マイナス）」と読むことに混乱してしまいます。＋はたし算，－はひき算という考えから抜けられません。さらに「正の数・負の数」という言い方も混乱を招く要因の一つです。基本的な学習を視覚的な補助を使って指導していきます。

正負の数を視覚的にとらえる

身の回りのマイナスを挙げてみよう

① グループごとに身の回りのマイナスを使った表現を話し合い，カードに書き出す。
② 書き出したマイナスの意味を分類する。

身の回りのマイナスの例

０より小さい	気温，数直線
基準との違い	川の水位，気温の前日比
反対	リモコンの音量，乾電池の＋極・－極

数の大小を比べてみよう

① 数直線の順唱，逆唱をして大小の方向をつかむ。
② 指定された数を数直線上に示し，２数の大小を比較する。

-5,-4,-3,-2,-1,0,+1,+2…

右に行くほど大きくなっているね

加法の規則性をみつけよう

＜例題Ⅰ＞（－3）＋（－5）　　＜例題Ⅱ＞（＋3）＋（－5）

① 数直線を用いて計算する。

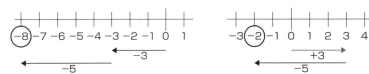

② プラスだんご，マイナスだんごを用いて計算する（白玉が＋1，黒玉が－1）

③ 計算のきまりをまとめる
・同符号の計算　　❶答えの符号…同じ　　❷計算…たし算
・異符号の計算　　❶答えの符号…絶対値の大きい方　　❷計算…ひき算

正負の数②

このような生徒に

視覚認知に弱さのある生徒は，自分で書いたノートの数式や文字，符号などを読み間違えたまま計算することが多くみられます。また，目と手の協応運動が苦手な生徒は数字を正しい位置に書きとめることが苦手です。このような生徒へはミスが起こりにくい書き方や，目印の工夫を指導することが効果的です。

工夫して計算しよう

加法の手順（符号の判断，絶対値の計算）を可視化する

① 項の符号を〇で囲む。
　（＋と－にマーカーでそれぞれ別の色を塗らせてもよい）
② P80で導いた加法の規則性に沿って練習問題を行う。

「同符号の２数の和」

❶答えの符号…共通の符号　　❷計算…２数の絶対値の和

$$(\oplus 7)+(\oplus 4)$$
$$=\oplus (7+4)$$
$$=\oplus 11$$

❶ ❷

$$(\ominus 9)+(\ominus 3)$$
$$=\ominus (9+3)$$
$$=\ominus 12$$

❶ ❷

「異符号の２数の和」

❶答えの符号…絶対値の大きい方　　❷計算…２数の絶対値の差

$$(\oplus 8)+(-2)$$
$$=\oplus (8-2)$$
$$=\oplus 6$$

❶ ❷

$$(\ominus 12)+(+10)$$
$$=\ominus (12-10)$$
$$=\ominus 2$$

❶ ❷

減法を加法に直す部分を〇で囲む

① 減法を加法に直す部分を〇で囲む。
② 同符号の数を集める。
③ それぞれ計算し，和を求める。

$$(+4)+(-3)-(\oplus 5)$$
$$=(+4)+(-3)+(\ominus 5)$$
$$=(+4)+\{(-3)+(-5)\}$$
$$=(+4)+(-8)$$
$$=-4$$

項だけの式の計算の仕方

① スラッシュで区切って項の
　まとまりを捉える。
② ＋の項は 〇，－の項は ☐ で囲む。
③ 同符号を集めて計算する。

$$-7 \ / \ +15 \ / \ +6 \ / \ -16$$
$$\boxed{-7} \ / \ \text{⊕15} \ / \ \text{⊕6} \ / \ \boxed{-16}$$
$$=-7-16+15+6$$
$$=-23+21$$
$$=-2$$

文字式①

このような生徒に

生徒は，文字式で x や a といったアルファベットが出てきた途端に「難しい」と感じてしまい思考を止めてしまいます。またアルファベットを読み間違えてしまう生徒もいます。まずアルファベットを使わずに学習し，その後，書き方の練習とともに，なぜ数ではなく文字を使うのかについても理解させる必要があります。

アイデア

様々な考え方で文字式をたてよう

様々な考え方を生かして求める

<例題>マッチ棒を右の図のように並べて正方形を作りました。
30個作るにはマッチ棒は何本必要でしょうか？

① 例題について，様々な考え方で求める。

| $4+3×29=91$ | $1+3×30=91$ | $4×30-29=91$ |

② 正方形が100個，1000個のときのマッチ棒の本数を求める。

| $4+3×99=301$ | $1+3×100=301$ | $4×100-99=301$ |

③ 正方形が□個のときのマッチ棒の本数を求める。

| $4+3×(□-1)$ | $1+3×□$ | $4×□-(□-1)$ |

④ □を x を用いて表す。

| $4+3×(x-1)$ | $1+3×x$ | $4×x-(x-1)$ |

文字式のルールの整理

① 文字式のルールを確認できるカードを作成する。
② フラッシュカード（スライド）で練習する。
③ 文字式のルールを掲示し，記憶を補助する。

重要! **文字式のルールカード**

① 「×（かける）」を省く　$5×x=5x$
② 数を前に　$x×2=2x$
③ 1は書かない　$1×x=x$

アルファベットの書き方・読み方を確認する
　英語の授業で習うブロック体と異なる部分を確認しながら練習する。
　例）a⇒a　x⇒x　h⇒h　y⇒y　g⇒g　l⇒ℓ

文字式②

このような生徒に

文字式の計算には様々なきまりがあります。なぜそのきまりになるのか，どのように使うのかを視覚的に意味づけて覚えることで定着しやすくなります。また手順を見える化すること，着目すべき点に色を付ける，分ける，また補助計算を書くなど，生徒の特性に合わせて適切な方法を活用していくことが大切です。工夫を凝らして反復練習させていきます。

面積図を使って考えよう

長方形を使って乗法の理解をする

<例題> $3x \times 4$ の計算をしよう

① 縦 x cm　横1cmのカードを12枚使い，縦3枚，横4枚を長方形状に敷き詰める。

② 図形より面積を求める（x cm^2 が12個ある）。

③ 数同士と文字をかけることで，計算できることを理解させる。

④ 他の並べ方で長方形を作って試す。
（例：縦$2x$ cm，横6cm）

⑤ 計算結果より，乗法の交換法則を使えることに気づかせる。

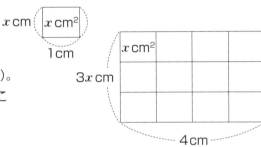

$$3x \times 4 = 3 \times x \times 4$$
$$= 3 \times 4 \times x$$
$$= 12x$$

並べ替える
数同士の積

面積図を使って分配法則の理解をする

<例題> $2(x+3)$ の計算をしよう

① 面積図を使って長方形の面積から積を求める。

② 図より，縦の長さとそれぞれの長方形の横の長さ（xと3）をかけたものをたすと求められることを理解する。

③ 数値を変えて計算練習する。かける数は〇，かけられる数は□で囲み，矢印でつなげることで，視覚的に計算の手順を理解できるようにする。

④ 分配法則の逆を用いて，文字を含んだ式の学習につなげる。

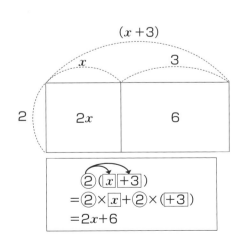

一次方程式①

● **このような生徒に**

正負の数や文字式を理解することで，一次方程式が解けるようになります。しかし，用語を理解していないと，「等式の中の文字に，ある値を代入して，左辺の値と右辺の値が等しくなるとき，その等式は成り立つという」のような教師の説明を理解できず，学習につまずいてしまいます。

方程式とその解について理解する

<例題> りょうさんは25個の画びょうを持っています。
1枚の画用紙に6個の画びょうを使って
何枚か教室に掲示したところ1個余りました。
画用紙の枚数は何枚でしょうか。

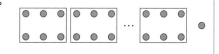

以下の①から③の手順で，学習させます。

① 今まで習った方法を用いて，例題の画用紙の枚数を求める。

Aさんの解き方	Bさんの解き方	Cさんの解き方
25−1=24 24÷6=4	25÷6=4 あまり 1	4×6+1=25
答え　4枚	答え　4枚	答え　4枚

② x を使って等式を立ててみる。

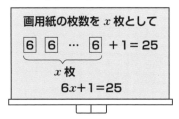

教師：「何を求める問題ですか？」
　　　――画用紙の枚数です。
教師：「では求める数量を x とおいて等式を立ててみよう」
教師：「1枚6個の画びょうで x 枚，貼るから？」
　　　――使った画びょうは $6x$ 個です。
教師：「1個余って，合計25個持っていたと考えると？」
　　　――$6x+1=25$ です。

③ 方程式について理解する。
「x に画用紙の枚数を代入して25になるには？」

$x=1$ のとき　$6×1+1=7$　成り立たない
$x=2$ のとき　$6×2+1=13$　成り立たない
$x=3$ のとき　$6×3+1=19$　成り立たない
$x=4$ のとき　$6×4+1=25$　**成り立つ!!**

> x を代入して成り立つ場合と成り立たない場合を確認する

④ x の値によって成り立ったり，成り立たなかったりする等式を「**方程式**」，また，このときの $x=4$ を「**方程式の解**」という。

一次方程式②

このような生徒に

方程式の計算になると，両辺に同じ数をたす，ひく，かける，わる操作が加わります。なぜそのような操作ができるのかを視覚的に理解させ定着させていく必要があります。また移項を用いた計算は中学校3年間の数学でよく使います。移項させるべき項に印を付け，符号が変わることを確かめながら，定着するまでくり返していきましょう。

両辺を意識して計算しよう

天秤の図を用いて等式の性質を理解する

<例題> てんびんの左の皿に x g の消しゴム3個と1g のおもり2個，
　　　　右の皿に10g のおもり3個と1g のおもり11個をのせると釣り合います。
　　　　消しゴム1個の重さを求めましょう。

① 天秤が釣り合うイラストを見て立式する。

消しゴム1個の重さを x g とすると
$$3x+2=41$$

② ヒントカードを手がかりに，左辺を x だけの式にする。

$$3x+2=41$$
$$3x+2-2=41-2$$ 　両辺から2をひく
$$3x=39$$
$$3x÷3=39÷3$$ 　両辺を3でわる
$$x=13$$

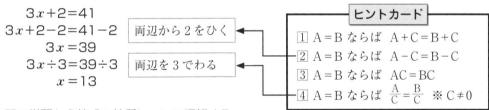

ヒントカード

1. A ＝ B ならば　A＋C ＝ B＋C
2. A ＝ B ならば　A－C ＝ B－C
3. A ＝ B ならば　AC ＝ BC
4. A ＝ B ならば　$\frac{A}{C} = \frac{B}{C}$ ※C≠0

③ 上記の学習から等式の性質について理解する。

・項を「左辺から右辺」または「右辺から左辺」に移項すると符号が変わる。
・スライドで提示して音読させる，またヒントカードを生徒の手元に置き確認させる。

途中計算を明記しよう

<例題> $6x-3=10x+5$　を計算しよう

① 移項する文字の項を ◯，数の項を ▢ で囲む。
② ◯ を移項する（符号が変わる）。
　　▢ を移項する（符号が変わる）。
③ 解（x の値）を求める。

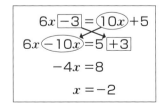

一次方程式③

このような生徒に

文章題でつまずく生徒は，まず文章を読む意欲がない場合があります。何をどのように考えてよいのか，どのような手順で解けばいいか分からず，手をつけられないのです。手順を明確にし，イメージしやすい身近な物を使って立式する方法を学ばせます。

手順を示したワークシートを作成する

方程式文章題ワークシート

しょうたさんは1個 x 円のりんごを5個買い，40円の箱に詰めたら合計790円になりました。りんご1個の値段はいくらでしょうか。

① わかっていること，聞かれていることに線を引く

② わかっていること⇒　x 円のリンゴ5個　箱40円　合計790円
　　聞かれていること⇒　りんご1個の値段

③ 図に表す　ⓧⓧⓧⓧⓧ ＋ 40 ＝790

④ ③の図をもとに式を立てる
　　　　　$5x+40=790$

⑤ 方程式を解く
　　　　　$5x=790-40$
　　　　　$5x=750$
　　　　　　$x=150$　　　　　　答え　150円

⑥ 解が正しいか確かめる
　　　りんごの値段　　　箱の値段　　合計の値段
　　（150円×5個）＋（40円）＝（790円）⇒ 成り立つ

よって，りんご1個150円は答えとしてよい。

・次第にステップを省略してヒントを減らしていきます。

・文章題の内容を日常生活に関連させ，取り組みやすいよう，「買い物」「お金」「年齢」など，自分事にできる題材を使うとよいでしょう。

・聞いて理解する方が得意な生徒もいます。ペアで解き方を説明し合うなど，言語化して説明し合う方法も考えられます。

図形①

このような生徒に

中学生で図形の学習に入ると，形を正確に捉えたり，頭の中で図形を操作したりすることが難しく，混乱してしまう生徒がいます。図形を描いたり，操作したりする活動を通して，形や角度について言語化させることが必要になります。また，いくつかの作業を組み合わせて行う際は，混乱を減らすため，スモールステップで行っていくとよいでしょう。

スモールステップで理解する

角度のきまりについて確認する

＜例題＞ 右の図の角アを記号で表そう

1. ∠BAC（∠CAB）といった角の表し方について知る。
   ⇒図をなぞる（BAC の順），指で空書きする，フラッシュカードを提示して答えるなど，変化をつけてアウトプットの機会を増やす。
2. 角が複数箇所考えられる問題に挑戦する。
   ⇒スモールステップの指示で段階を追って行う。
   ① 角C の位置に指を置く。
   ② 角が複数あることを確認し，
     今回はイの角度を表すことを伝える。
   ③ 角イを指でなぞる。
   ④ ∠BCA（∠ACB）と，記号を用いて表す。

ここは
カク BAC

角イはカク BCA

作図の手順を明確にする

＜例題＞ ∠AOB の二等分線をかこう

1. 教師の一問一答で手順を確認しながら進める（教科書を見て OK）。
   教師：「まず，コンパスの針をどこに置きますか？」
   　　　——点 O です。
   教師：「正解。点 O を中心として適当な半径の円をかきます」
   教師：「次に何をしますか？」
   　　　——円と交わった部分に針をおきます。
   教師：「いいね。次は？」
   　　　——それぞれの点から，等しい半径の円をかきます。
   　　　——その後，点 O から交わった部分に直線を引きます。
2. キーワードカードを手がかりにかく。
   ・カードを手元に置きながら，作業を行う。
   ・慣れてきたら，下線部を空欄にして難易度を上げていく。
   ・空欄のカードを用いてペアで説明させたり，
     クイズ形式で作業をさせたりしてもよい。

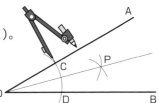

┌─ キーワードカード ─┐
① 点 O を中心として円をかく
② 辺 OA，OB との交点を
　 それぞれ C，D とする
③ 点 C，D を中心とする
　 等しい半径の円をかく
④ それらの交点を P とする
⑤ 直線 OP をひく
└──────────────┘

図形②

このような生徒に

空間認知に弱さのある生徒の中には，同位角，錯角，対頂角など，平面上で角の位置関係が把握できない場合があります。そのような場合は，キーワード（言葉）をもとに位置関係を把握させることで，平面や空間の位置関係を分かりやすく整理することができます。

位置関係をキーワードや色で把握しよう

身の回りのものをキーワードに角度を覚える

① 時計と比較（角の位置関係）

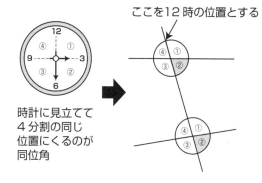

ここを12時の位置とする

時計に見立てて4分割の同じ位置にくるのが同位角

② アルファベットと比較（等しくなる角）

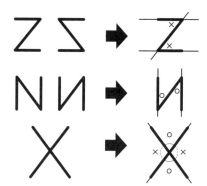

条件から分かる角度を書き込み，着目する角や直線に色を付ける

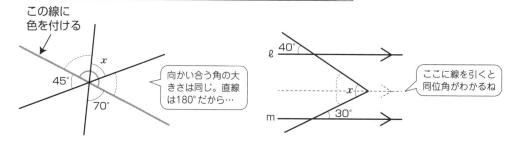

この線に色を付ける

向かい合う角の大きさは同じ。直線は180°だから…

ここに線を引くと同位角がわかるね

よく問題に出る形に名称をつけてパターンを覚える

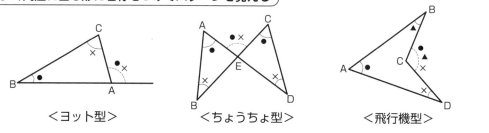

<ヨット型>　　<ちょうちょ型>　　<飛行機型>

図形③

このような生徒に

平面に書かれている図形が，立体になると混乱する生徒がいます。平面では2次元ですが，立体になると3次元で空間認知能力を使います。イメージができなかったり，想像力が弱かったりする生徒は，立体の見えない部分が読み取れません。生活の中の立体と関連付ける，模型を見る，触れる，用いる等の工夫をして，理解を深めます。

アイデア 立体にたくさん触れ特徴をつかもう

触れて説明して，特徴をつかむ

＜課題＞立体を仲間分けしてみよう

底面は2つ ／ 底面が1つ ／ 底面はない

① 各立体の模型に触れて特徴を言う。
② 特徴をもとにグループ分けする。
③ 見分け方の説明練習をする。
　「底面が 四角形 で，柱の形 をしているものを 四角柱 という」
　「底面が 四角形 で，頂点がとがっている ものを 四角錐 という」
④ ③の 　　　 の部分の条件を変えて説明させる。
　立体を見て説明する逆パターン，フラッシュカードを用いた
　早押し対決など，変化をつけて定着を図る。
⑤ 余力があったら，ポリドロン等を用いて立体を作らせてもよい。

身の回りの立体と結びつけ，親しみを持たせ，理解しやすくする

① 上記の活動に慣れてきたら，身の回りの物（建物，お菓子の箱など）が何の立体か考えさせる。
② 紙の束，本などを重ねて四角柱を作る，10円玉を重ねて円柱を作るなどの活動を通して，移動してできる立体や立体の体積の学習につなげる。

立体を平面に表す練習をする

＜課題＞直方体の展開図を工作用紙に作ってみよう

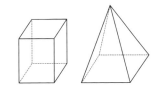

縦3cm，横5cmの長方形2つ
縦3cm，横4cmの長方形2つ
縦4cm，横5cmの長方形2つ
でできている。

① いくつの面で，何の形でできているかを確かめる。
② 合同な面のペアを確かめる（ペアで色分けしてもよい）。
③ 重なっている辺や頂点を確かめる。
　※展開図から，交わる，平行，ねじれも一目で分かるようにする。
④ 展開図を実際に組み立ててみる。
⑤ 他の立体でも展開図をかき，平面表記に慣れさせる。
⑥ 慣れてきたら見取り図をかき，平面上の立体表記に慣れさせる。

点A同士がつながっている
辺AE同士がつながっている

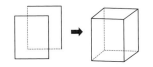

「長方形を2つかく」　「つなげる」

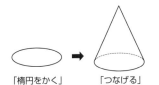

「楕円をかく」　　「つなげる」

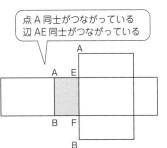

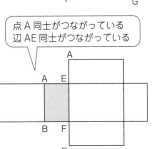

比例・反比例

このような生徒に

比例については小学校で学習していますが，中学校では負の数も登場し，考えるべき内容が増えます。ともなって変わる２つの数量を正確に捉え，変化の様子を調べて比例定数を求めることが大きな鍵となります。公式の丸暗記ではなく，式と表とグラフの考え方と意味づけを学び，習得させることが大切です。

表を用いて，横と縦の関係を捉える

【比例】

① 横の変化（変数）について，矢印と数字を表に書き込みながら捉える。
「xが２倍，３倍…になると，yは２倍，３倍…になる（変数）」

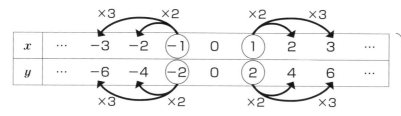

x	…	-3	-2	-1	0	1	2	3	…
y	…	-6	-4	-2	0	2	4	6	…

重要！ 横と縦の２つの変化の確認を習慣化させる

② 縦の変化（定数）について，矢印と数字を表に書き込みながら捉える。
「yは常に x の２倍になっている（定数）」

x	…	-3	-2	-1	0	1	2	3	…
y	…	-6	-4	-2	0	2	4	6	…

③ 上記の表より y を x の式で表すと $y = 2x$。
④ 「$y = ax$（a は比例定数）」と表せるとき，y は x に比例するという。

重要！ 反比例も比例と同様に x が２倍，３倍…になると y はどのように変化するか確かめる

【反比例】

x	…	-3	-2	-1	0	1	2	3	…
y	…	-2	-3	-6	×	6	3	2	…

① 横の変化：x が２倍，３倍…になると y は $\frac{1}{2}$ 倍，$\frac{1}{3}$ 倍…になる（変数）。
② 縦の変化：$x \times y$ は６になっている（定数）。
③ ②より y を x の式で表すと $y = \frac{6}{x}$。
④ 「$y = \frac{a}{x}$（a は比例定数）」と表せるとき，y は x に反比例するという。

グラフの作成

● **このような生徒に**

グラフの作成になると，横と縦の軸（x 軸と y 軸）はそれぞれ何を表しているのかわからなくなったり，方眼紙上に打たれた点の位置と方向を捉えることが困難になる生徒がいます。また座標軸が交わる原点を基準に考えられることも重要です。手順を明確にして，x 軸，y 軸の方向，また正の方向か負の方向かをはっきりさせ，生徒の習熟を図っていきます。

アイデア

式・表・グラフのプリントを作成し，かき方を明確にする

＜例題1＞ $y = 3x$ のグラフをかこう

① 表にする。

x	…	−3	−2	−1	0	1	2	3	…
y	…	−9	−6	−3	0	3	6	9	…

表を埋めるための式

$x = -3$ のとき　$y = 3 \times (-3) = -9$

$x = -2$ のとき　$y = 3 \times (-2) = -6$

$x = -1$ のとき　$y = 3 \times (-1) = -3$

$x = 0$　のとき　$y = 3 \times (0) = 0$

$x = 1$　のとき　$y = 3 \times (1) = 3$

$x = 2$　のとき　$y = 3 \times (2) = 6$

$x = 3$　のとき　$y = 3 \times (3) = 9$

重要！

代入した式を丁寧にかく
計算に慣れてきたら2点でグラフをかく

② 座標軸に点をとる。

「x が−3 のとき y は−9」
「x が−2 のとき y は−6」
「x が−1 のとき y は−3」
と言語化しながら点をとる

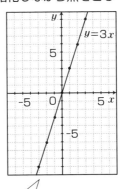

重要！

$x = 0$ のとき $y = 0$（原点を通る）
$x = 1$ のとき $y = 3$（比例定数になる）

＜例題2＞ $y = \dfrac{6}{x}$ のグラフをかこう

反比例のグラフも同様の手順で行う。
※双曲線のため，定規は使わない

x と y の積は
常に6になる

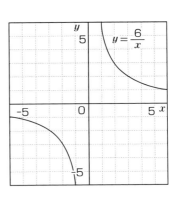

x	…	−6	−3	−2	−1	0	1	2	3	6	…
y	…	−1	−2	−3	−6	×	6	3	2	1	…

主体的・対話的で深い学びへ①

このような生徒に

新指導要領に記されている「主体的・対話的で深い学び」に準拠した学習活動に対して，
困難を示す生徒が多くいます。ポイントを明確にすることや，考え方の手順を可視化する
ことで，生徒の思考を助けましょう。変化が激しく予測困難な社会に生きる上で，試行錯
誤する，様々な方法で考える，協働作業を通して解決する力を養っていきます。

自分に合った解き方を選択する

<例題> ガソリン15 Lで180km 走る車があります。
　　　　 ガソリン40 Lでは何 km 走ることができるでしょうか。

① 考える方法を選択肢の中から自分で決定する。
② 解き方を振り返り，自分がその方法を選んだ理由を説明する。
③ 他の人の話を聞いて，それぞれの解き方のよさを参考にする。

【選択肢1】表で考える
　　180÷15=12
　　12×40=480

答え　480km

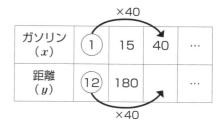

理由
ガソリン 1 L で12km 走るから
40L だと12km を40倍すればいいから。

【選択肢2】グラフで考える
　グラフより原点と（15，180）を通る直線をひくと
　$x=40$ のとき $y=480$ と読み取れる

答え　480km

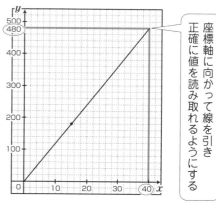

理由
ガソリンが増えるにともない
走る距離も一定に増えるから。

【選択肢3】式で考える
　y は x に比例しているから $y=ax$
　$x=15$　$y=180$ を代入すると $a=12$ だから，$y=12x$ と表せる
　$x=40$ を代入して，$y=12×40=480$

答え　480km

理由
x が 2 倍，3 倍…になると y は 2 倍，3 倍…になる。
y は x に比例しているから。

主体的・対話的で深い学びへ②

このような生徒に

一般に問題解決学習は難しいと考えられがちです。しかし，授業の組み立て方を工夫する，既習事項を振り返る学習を丁寧に行う，また着目すべき点や手順を適宜示すことで，どの生徒も取り組み，主体的・対話的で深い学びを展開することができます。誰でも取り組める仕組みを作り，繰り返しながら自信をつけさせていきます。

今までの学習から考えの引き出しを増やす

身の回りのものから数学の世界に落とし込む

＜例題＞ どんな三角形でも内角の和が180°となることを説明しよう

① 敷き詰め模様やエッシャー図を見せて，生徒の関心をひく。
② 小学校の頃に習った敷き詰め模様を振り返る。
③ 合同な三角形のカードを何組か用意し，組み合わせて直線になることから，三角形の内角の和が180°であることに気づかせる。

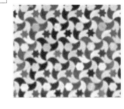

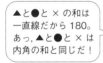

▲と●と×の和は一直線だから180。あっ，▲と●と×は内角の和と同じだ！

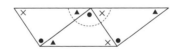

既習事項に戻れる仕組みを作り，生徒の考えの引き出しを増やす

・授業の冒頭で，今までに習った公式や定理をスライドに写し，穴埋めにして生徒に答えさせる。

180°

一直線上ならば 180° である

ℓ 40°

m 40°

ℓ∥m ならば同位角は等しい

授業の冒頭等，ゲーム感覚で行うと主体的に取り組めます

・公式や定理のリストを作り，暗唱テストを行う。

・授業中に悩んでいる生徒には，タブレットやヒントカードで個別にヒントを伝える。

ヒント

点Cから辺ABに平行な線を引く

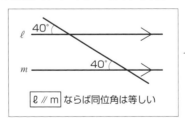

ヒント

点Aを通る辺BCに平行な線を引く

「英語のつまずき」の背景と支援

　日本の英語教育は，時代とともにその指導目標，指導観点は変化しながらも，常に「何年間も学校教育で指導されてきたのにまったく使えない」という批判を受けてきました。「学校で勉強しているのに，スーパーの買い物で割引の計算ができない」などと，国語，算数，理科，社会，美術，音楽，家庭などの科目が批判されることが少ないのに対して，なぜ英語だけが批判の的になるのでしょうか。

　それは，英語が，より「できない」を感じやすい科目だからではないかと考えます。「英語がしゃべれる」ことだけで「グローバル人」「なんとなくカッコイイ」と思われてしまう，そんな風潮があるために，「英語が流暢にしゃべれない」ことで必要以上に人々を卑屈に感じさせやすいように思えてなりません。

　学校の教室でも同様で，英語の教科書を上手に音読する生徒は羨望の眼差しで見つめられ，逆に読めない生徒は，「どうかあてられませんように」と祈りつつ，下を向いているような状況があります。英語という科目では，「文字を音にできる・できない」という，このスタート地点での違いが，のちのちまで影響すると考えます。

　では，「英語がしゃべれる感」「できる感」が味わえるような，そんな指導を考えてみるのはいかがでしょうか？　「英文を音読できる」だけで，英語に対する劣等感がなくなり，子どもたちの気持ちが授業に向いてくれるのであれば，それはとても大切なことではないでしょうか？

　具体的にどのような指導方法や学習方法があるのかについては，これから本章で紹介していきますが，その前に，まずは目の前の学習者（生徒）を観察することが必要であると考えます。その際にぜひとも知っておくと役立つことについて，以下4点にまとめます。

1．日本語と英語の音と文字

　言語には，「透明性」と「粒」（Wydell & Butterworth, 1999）という見方があり，それにより，読み書きの問題が表面に現れやすいか否かが決まるといわれています。

①透明性

　日本語は，音と文字の関係が単純で，仮名の場合は一対一になっています。例えば，「あ」という文字は，単語のどの位置に使われても常に/ア/と発音します。したがって，「あ＝/ア/」といったん覚えてしまえば，読み間違えることはありません。

　いっぽう，英語の"a""A"には，いくつかの発音があります。"apple"の/a/と"cake"の/a/は発音が異なります。英語は，音と文字の関係が複雑で，何通りもの発音の仕方があるのです。これは音と文字の関係性が取りづらい生徒にとって非常にやっかいであり，生徒が英文を読むという活動を嫌がる要因の一つになっています。

日本語の場合（同じ発音）

英語の場合（異なる発音）

図 2-3-1　日本語と英語の透明性の違い

②粒

　「粒」とは，文字に分けられる音の最小単位のことです。日本語と英語を比べてみましょう。日本語の場合，平仮名の「あ，い，う，え，お，ん」はそれぞれが 1 つの音素に対応していますが，残りはすべて「子音＋母音」の 2 音素から構成されています。さらに漢字となれば，1 文字で複数の音をもちます。いっぽう，英語のアルファベットは 1 文字が 1 音素で構成されていて，音の粒が日本語より細かくなります。このように粒が小さい言語ほど，読み書きの問題が起こりやすいといわれています。つまり，アルファベット文字を使った英語学習では，音の粒が大きな日本語では現れにくかった読み書きの問題が出現して，つまずきやすくなるということになります。

＜日本語＞	＜英語＞
森（もり） も-り（mo-ri） （最小単位が2音素）	forest for-est f-o-r-e-s-t （最小単位が1音素）

図 2-3-2　日本語と英語の「粒」の大きさ

2．英語の音韻表象を獲得する

　日本における英語教育は，そのすべてが批判されるべきではありません。しかし，文字を学習する前の「音韻表象（音のイメージ）をしっかりと定着をさせる」という学習プロセスについては，学校教育の中でもっと留意される必要があると思います。この英語の「音韻表象」がしっかりと定着していない状態で文字学習を行っても，文字と対応する音が不確実で，つなぎ合わせるものがないために，むずかしさが生じやすくなるのです。

これまでの日本の英語教育では，この「音韻表象」を定着させることに時間をかけずに，中学校入学後，英語の授業が始まるやいなや，英語の音とアルファベット文字を同時に導入することが多く行われていました。もちろん，音を捉えることと文字学習に問題のない多くの生徒にとっては，難しさを感じることもなく学習が進んでいきます。しかし，文字を音にすることや音を文字にすることに少しでも困難のある生徒は，この時点で授業から置き去りにされてしまう可能性が高いのです。そして，なぜ難しいと感じるのかもわからないままに，単に「英語が苦手」という感情をもってしまい，授業の難易度が上がるにつれて，英語学習から心が離れてしまいます。

＜子どもが母国語の文字を獲得していく過程＞

　はじめに「なんとなく音を示す記号らしきものがあるらしい」という段階を経て，「音と文字は対応していない状態で絵画的に単語（文字）を捉える」段階があります。

　次に，ようやく「文字にはそれぞれ音があるということを認識し，綴りを練習して読み書きを獲得する」段階へと進みます。ですが，このプロセスに進む前提として，「音韻表象（音のイメージ）」が子どもに定着していなければなりません。

　文字を学習する際には，その文字に対応する音が頭の中に定着していないと，文字が入ってきてもそのまま流されて出ていってしまいます。

> 文字の前に音を獲得する段階がある

> 音が先に定着していない場合，文字と結びつかずに，そのまま流れて出ていく

> 音が先に定着している場合，文字と音を結びつけることができる

3．アルファベット文字と音の同定

英語の「音韻表象」を定着するうえで，留意すべきことが1つあります。それは，すでに生徒の知っている英単語を用いて「音韻表象」を定着させていくことです。

例えば，英語圏で出版されて使われている教材を，そのまま日本の子どもたちに使用することは，authentic（真正性）の点からみると素晴らしいものです。しかし，英語を母国語とするネイティブの子どもたちが使う教材が，英語を日常的に使用しない日本人の子どもたちが使う教材として適さないケースもあることを理解しておかなければなりません。

英語教育に限らず，「何を何で教えるのか」「何を何で学習するのか」について，もっと考慮されるべきであり，既存の教材を消化すればよいというわけではなく，生徒の特性を理解したうえでの教材選定が必要であるといえます。

4．アルファベット文字の書き

英語の「音韻表象」がしっかりと定着されたのちにアルファベット文字の書字の練習に入ります。その場合も，いきなり筆記用具を持って書く練習をするのではなく，生徒の特性に応じて文字の形を認識することから始めることが有効です。

文字の形を認識する練習の際，教材とするフォントに留意することが必要です。英語を母国語とする人たちの間でも，文字の練習をする際には，手書きの文字に近いフォントが生徒にとって使いやすいとされています。

例えば，図2-3-3において，アルファベット"G"の小文字は，①から④の中のどれが正しいでしょうか。

驚くことに，英語話者調査協力者のうち，③と正解できたのは25名中7名のみでした（Wong, 2018）。

"g"は印刷媒体での書体です。書くことはありませんが，非常によく目にします。しかし，多くの人は日常的に書体を意識して読むことはありませんので，読むことに問題がない人でも，「g」を確認できない，書けないという状況になるのです。

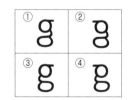

図2-3-3 "g"の想起
（Wong, 2018）

読み書きに顕著な困難が観察されない生徒ですら，文字の形状を正確に覚えこむことは簡単なことではありません。文字を導入する過程においては，慎重に段階を追って学習を進めることが肝要です。

【注】P98からの表記について

／／で囲まれたアルファベットは，単語の中で，その文字が表す音を示しています。

例：appleの/a/であれば，発音は「ア」であり，「エイ」ではありません。

　　cakeの/a/であれば，発音は「エイ」であり，「ア」ではありません。

英語の音を取り入れる①

このような生徒に

アルファベットのつづりに不安のある生徒は，文字の学習以前に，英語の音（音韻表象）がしっかりと定着していないことが考えられます。また，聴いた音を間違えて記憶しているケースもあります。ふだん耳にしている英単語の音を再度正確に入れ直し，この後の文字学習において，スムーズに音の上に文字が乗っていくように指導します。

身近なモノを英語で言おう

1．それぞれのアルファベットで始まる英単語を考える

教師：次の音で始まる英単語を知っていますか？　よく聞いてくださいね。
　　　/a/ /a/ /a/ ……
　　　（生徒が声に出せるまでくり返す）
生徒：/a/ /a/ /a/ …… apple.
教師：そうですね。apple の /a/ ですね。

2．カードをつくる

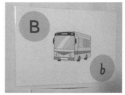
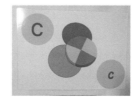

※他の学習で使用できるように大文字と小文字の両方をカードに示しておくとよい。

※同様に A から Z までアルファベット全ての英単語を拾い上げる。

※最初の音では思いつかない場合，中間音でもよいこととする（教師がヒントを与える）。
　　　例）x → taxi

3．教師の後について発音を繰り返す

教師：絵カードを見ながら復習しましょう。
　　　先生の後についてくり返してください。
　　　apple, apple, apple, apple の /a/ 。
　　　bus, bus, bus, bus の /b/ 。
　　　cookie, cookie, cookie, cookie の /c/ 。

【参考】中学校の教科書に出てくる単語の例：
animal, book, cat, dance, egg, fish, game, happy, Indian, Japan, kitchen, lake, money, name, office, park, question, rain, song, teacher, up, volleyball, window, taxi, yellow, zoo

---

留意点　生徒の知っている単語を教材にしましょう。一度に学習する単語の数は，生徒が持つ困難のレベルに応じて決めます。この段階では，あまり文字には焦点をおかず，モノと音をしっかりと結びつけることだけを目的とします。

応用　余裕のある生徒には，同じ音を持つ別の単語も同様に練習に取り入れます。

英語の音を取り入れる②

このような生徒に

単音の聴き取りにくさがある生徒は，dとtのように構音（音の作り方・出し方）が似ている音の判別にとくに難しさがあります。このような生徒が，単語（複数の音のかたまり）を学習する前に，単音の判別ができるように指導します。

アイデア

同じ？　違う？　似ている音を聞き分けよう

| 教材 | 構音が似ている音のペア |

例：a-e, i-e, b-p, k-g, d-t, k-t, s-sh, h-f, n-m, b-v, d-g, p-f, k-t など

文字から音を思い出すことが難しい生徒のために，P98の絵カードに使ったイラストを文字の横に表示しておく。

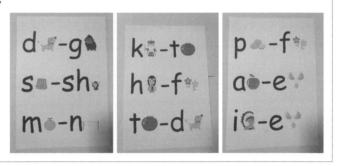

教師：今から2つの音を2回ずつ発音します。
　　　よく聞いて，先生の後に音をくり返して発音してください。
　　　2つの音が同じ場合には○，違う場合には×を示してください。
教師：では，始めましょう。/d/ /g/ ，/d/ /g/
生徒：/d/ /g/ ，/d/ /g/（発音をくり返してから解答する）
教師：はい。正解は×。違う音です。
教師：では，次です。/k/ /k/ ，/k/ /k/
生徒：/k/ /k/ ，/k/ /k/（発音をくり返してから解答する）
教師：はい。正解は○。同じ音ですね。

＜ポイント＞　音素は，構音の方法（舌の高さ，位置，唇の形，舌と歯の使い方，声門，息の出し方）によって違いがあります。例えば，dog の /d/ と ton の /t/ は，口の中の舌の位置や形は同じですが，有声音（声帯が震える）と無声音（声帯が震えない）の違いだけです。こういった類似した音のペアを使って，聞き取る力を養います。

留意点　生徒が構音方法を目で見てわかる場合には，少し大げさな形（顔の表情や口元）で分かりやすく発音しましょう（th や f の唇と舌や前歯の使い方など）。

応用　余裕のある生徒には，絵カードのアルファベットにも注目するように促します。

英語の音を取り入れる③

このような生徒に

聴覚からの入力に強みがある生徒は，日頃聞く英語が自然に耳から入っており，非常に英語らしい発音ができるいっぽうで，つづりを求められると難しさがでてくるケースもあります。こうした生徒には，音のまとまりとして覚えている英語表現を単語に分解する活動を通じて，1つ1つの単語を意識させ，文字と単語のつづりの獲得につなげます。

日常会話を使って学習しよう

教材 状況を表す絵カード

日常の生活の中で，生徒の既存の知識となっている英語表現を使います。状況を絵カードで提示することで，その場面で使われる英語表現を生徒が思い出しやすいようにします。

Thank you. / You are welcome.
Good afternoon.
Good night.
Good bye.
How are you? / I'm fine, thank you.　など。

例　"Good morning." の場面

教師：この2人の会話を想像してみましょう。どんな会話でしょうか？
生徒：朝だから「グッモーニング」かな。
教師：そうですね。「グッモーニング」。いくつの単語でしょうか？
生徒：2つ？
教師：そうです。これは，"good" と "morning" の2つの単語からできています。
　　　くり返してみましょう。"Good"「グッド」。"morning"「モーニング」。
　　　2つの単語を続けるとどうなりますか？
生徒：グッモーニング。
教師：そうですね。グッ（ド）モーニング。グッドの「ド」が聞えませんね。
　　　頭の中で2つの単語を思い浮かべながら，くり返してみましょう。「グッモーニング」

＜ポイント＞　いくつの単語で成り立っているのかわかりにくい表現にも，複数の単語が入っていることに意識を向け，単語がつながるとどのような発音となるのかを理解させます。

留意点　文の中でいくつかの単語が発話される時，音が混ざり合い，1つの語に聞こえることがあることを理解させられるように指導します。

応用　文字がある程度定着している生徒には，文字カードも同時に示すなど，音と共に文字も想起させるように導きます。

英語の音をよく聞こう①

このような生徒に

英語の音に馴染みにくい生徒は，単一の音の導入から始めるよりも，実際の英単語を聞いて，その中に出てくる音素にまず慣れていくことが有効です。しかし，生徒の中には複数の音素のまとまりである英単語の音をうまくつかめず，復唱に参加できないケースがあります。まず英単語全体の音を保持できることを指導します。

同じ？　違う？　似ている単語を聞き分けよう

教材	ミニマム・ペア（一つの音素が異なる単語の組合せ）	

it – eat	hat – hot	・活動中は音で提示し，カードは使用しません。
cat – rat	sleep – sheep	・答え合わせの際にカードを見せることで，後で
see – me	bye – tie	文字を学習する際の前段階となります。
cool – pool	tall – ball	・文字がすでに定着している生徒は，つづりを確
day – say	bone – phone	認することが可能となります。

教師：2つの単語のペアを2回ずつ読み上げます。
　　　単語が同じ場合には○，違う場合には×をあげてください。
教師：よく聞いてください。sit-sit. sit-sit.
生徒：○
教師：そうですね。くり返しましょう。sit-sit. sit-sit.
生徒：sit-sit. sit-sit.
教師：では，次です。よく聞いてください。it-eat. it-eat.
生徒：○
教師：もう一度よく聞いてみましょう。it-eat. it-eat.
生徒：2番目のほうがイをのばしている？？
教師：it のイは，口の周りの筋肉を緩ませて出します。
　　　それに対して，eat のイは，口の周りの筋肉を緊張させて出します。
　　　（可能であれば，簡単な音声学的な内容にもふれる）。
教師：やってみましょう。it, it. eat, eat.

＜ポイント＞　英語の音に馴染みにくい生徒が，ワーキングメモリーに保持しやすいように，短めの単語を選びます。さらに，しっかりと音の聞分けができるように，ミニマム・ペア（音素が1つ違う単語の組合せ）を使うようにします。

留意点　比較のために音素を頭の中に保持しなければならない活動ですので，最初は長い単語を避け，2音素や3音素から始めましょう。

応用　P100と同様に，音を捉えることができた生徒は，文字も同時に想起させるように導きます。

英語の音をよく聞こう②

このような生徒に

そもそも新出単語導入の際などに，教師の後について正確に発音をくり返すことに難しさのある生徒がいます。そのような生徒が，少しずつ単語の中の音に注意して，聞き分けることができるようになることを目的として指導します。最初の音に確実に注目できるようにすることで，最後の音，中間の音に注目する活動にスムーズにつなげていきます。

「最初の音」に注目しよう

教材　3つの単語からなるグループ

<u>c</u>at – <u>p</u>at – <u>p</u>en	<u>p</u>ig – <u>c</u>at – <u>c</u>ow	<u>v</u>ase – <u>v</u>iolin – <u>f</u>ace
<u>r</u>ed – <u>s</u>et – <u>r</u>ain	<u>s</u>ell – <u>sh</u>ow – <u>s</u>aw	<u>b</u>all - <u>g</u>olf – <u>g</u>ame
<u>ch</u>eese – <u>ch</u>erry – <u>b</u>erry	<u>r</u>ed – <u>c</u>at – <u>r</u>at	<u>p</u>ark – <u>p</u>ool – <u>f</u>ool
<u>s</u>in – <u>s</u>it – <u>b</u>in	<u>l</u>og – <u>l</u>ot – <u>d</u>ot	<u>d</u>ollar – <u>d</u>esk – <u>t</u>ask
<u>t</u>all – <u>b</u>all – <u>t</u>ell	<u>c</u>age – <u>z</u>ebra – <u>z</u>oo	<u>sh</u>ip – <u>j</u>et – <u>j</u>eep
<u>f</u>ive – <u>f</u>our – <u>h</u>ow	<u>sh</u>oe – <u>sh</u>ow – <u>z</u>one	<u>h</u>ead – <u>t</u>ank - <u>h</u>andy

※オンセット（最初の子音）が異なる単語でも，cat と pat のようにライムが同じである場合は，生徒にとって紛らわしくなります。これをひっかけとして利用します。

教師：先生が単語を3つ発音します。1つだけ違う音で始まる単語があります。
　　　それぞれの<u>最初の音</u>に注目しましょう。
教師：① red ② set ③ rain
生徒：（消しゴムを①②③のどこかに置く）
教師：答えは②です。
教師：くり返しましょう（カードを見せながら）。
　　　red-set-rain.
生徒：red-set-rain.
教師：red-set-rain.
生徒：red-set-rain.

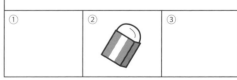

先生が単語を3つ発音します。それぞれの最初の音に注意しましょう。<u>1つだけ違う音で始まる</u>単語があります。消しゴムをその単語の番号のところに置きましょう。では，はじめましょう。

①	②	③

留意点　教材は，3つの単語の順序を入れ替えると，問題として何回も使用できます。
応 用　音韻表象を意識することに問題がなくなってきた生徒は，文字への意識も促しましょう。

英語の音をよく聞こう③

このような生徒に

P102の活動で頭音の区別に慣れてきた生徒に，ワーキングメモリーを使って鍛える訓練も兼ねて，単語の最後の音に注目する活動を行います。英語の音が入りにくい生徒は，英語というだけでワーキングメモリーの容量を使ってしまいます。英語のまとまった音を保持し，考える力をつけることを指導します。

「最後の音」に注目しよう

教材 3つの単語からなるグループ

day – say – dog	party – thirty – thir<u>teen</u>	short – boat – bor<u>n</u>
set – hot – po<u>p</u>	day – key – kee<u>n</u>	ton – toy – boy
sin – sit – bi<u>n</u>	pin – sin – si<u>ng</u>	dog – fig – fi<u>n</u>
punch – pan<u>da</u> – catch	kid – king – be<u>d</u>	<u>pass</u> – pat – pet

※同じ末尾の音をもつ単語でも，day と say のようにオンセットが異なる場合は，生徒にとって紛らわしくなります。これをひっかけとして利用します。

教師：先生が単語を3つ発音します。1つだけ違う音素で終わる単語があります。
　　　それぞれの最後の音に注目しましょう。
教師：① set ② hot ③ pop
生徒：（消しゴムを①②③のどこかに置く）
教師：答えは③ですね。
教師：くり返しましょう（カードを見せながら）。
　　　set-hot-pop.
生徒：set-hot-pop.
教師：set-hot-pop.
生徒：set-hot-pop.

先生が単語を3つ発音します。それぞれの最後の音に注意しましょう。1つだけ違う音の単語があります。消しゴムをその単語の番号のところに置きましょう。では，はじめましょう。

＜文字と音の関係が定着していない生徒に＞
指で文字を押さえながら発音をすることで，どの文字をどのように発音するのかが伝わります。

留意点　ワーキングメモリーの容量が少ない生徒の場合，P102と比較して活動の難易度が一気にあがります。音素の数が少ない，短い単語から始めます。教材は，3つの単語の順序を入れ替えると，問題として何回も使用できます。

応用　文字学習について抵抗の少ない生徒であれば，答え合わせの際に，単語のつづりを提示することも有効です。

英語の音をよく聞こう④

このような生徒に

単語の頭の音や末尾の音をターゲットとする活動に比べて，中間の音に注目することは非常に難易度が高くなる活動です。P102とP103の活動がスムーズにできるようになった生徒を対象として，ターゲットの音をピンポイントで抜き出すことをねらいとして指導をします。

「中間の音」に注目しよう

教材 3つの単語からなるグループ

get – set – s<u>i</u>t	sin – s<u>o</u>n – tin	p<u>a</u>n – p<u>i</u>n – p<u>i</u>t
cat – hat – h<u>o</u>t	ship – sick – sh<u>o</u>t	l<u>o</u>t – g<u>o</u>t – g<u>e</u>t
boy – toy – s<u>a</u>y	jig – z<u>a</u>g – fig	van – v<u>o</u>n – fan
bed – let – l<u>i</u>t	b<u>a</u>ck – sick – kick	lock – log – l<u>e</u>g

※真ん中の音が取り出しやすいよう，「子音＋母音＋子音」のように，３つの音素からできている単語を準備します。

教師：先生が単語を３つ発音します。１つだけ違う音素が入っている単語があります。
　　　それぞれの<u>真ん中の音</u>に注目しましょう。
教師：① get ② set ③ sit
生徒：（消しゴムを①②③のどこかに置く）
教師：答えは③です
教師：くり返しましょう（カードを見せながら）。
　　　get-set-sit.
生徒：get-set-sit.
教師：get-set-sit.
生徒：get-set-sit.

先生が単語を３つ発音します。それぞれの中間の音に注意しましょう。<u>1つだけ違う音の単語</u>があります。消しゴムをその単語の番号のところに置きましょう。では，はじめましょう。

＜中間の音が判別しにくい生徒に＞
日本語のローマ字表記の規則が強く残っているケースが考えられます。
平仮名の「あいうえおん」以外の音が，「子音＋母音」からできていることを復習しましょう。
（例：「か」⇒k+a 「そ」⇒s+o）

留意点 この活動を通して，ローマ字学習でアルファベットを使ってきた生徒が，「子音＋母音」という２つの音素に分けることができるかどうかを確認することもできます。教材は，３つの単語の順序を入れ替えると，問題として何回も使用できます。

応用 生徒の状態により，答え合わせの際に単語のつづりを提示しましょう。

音の合成①

このような生徒に

英語の最も小さな音の単位である音素を使って，音韻意識を高める活動です。1つ1つの音素が定着した後，それらの音素を操作することに困難のある生徒は，音韻意識が弱く，単語の読み書きや初見の単語の学習が難しくなる可能性があります。このような生徒に，音韻意識を高めることを目的として指導します。

アイデア　音素をたして発音してみよう：a+t=at

1. 自分用のアルファベットカードを作る

・上下がわかりにくい文字に自分で下線を入れ，1枚ずつ切り離してカードにする

a	b	c	d	e	f
g	h	i	j	k	l
m	n	o	p	q	r
s	t	u	v	w	x
y	z				

・文字だけでは音が想起されにくい場合はイラスト入りのカードを使う

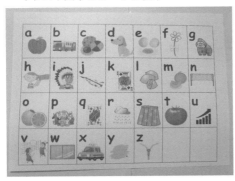

2. 1文字ずつ発音を練習する

教師：先生が言う音をよく聞いて，くり返しましょう。
教師：/i/ /i/ /i/
生徒：/i/ /i/ /i/
教師：続いて /t/ /t/ /t/
生徒：/t/ /t/ /t/

3. 練習した2音をたして発音する

教師：では，/i/ と /t/ をたすと？
教師：/it/ /it/ /it/
生徒：/it/ /it/ /it/
教師：/a/ と /d/ たすとどうなりますか？
生徒：/ad/ /ad/ /ad/

※同様に at, it, ad, id, et, en, ot, ip などについて行う。

<音だけではわかりにくい生徒に>
アルファベット文字を提示しながら進め，生徒も自分の机の上にアルファベット文字を並べながら進めます。

留意点　音素（P99参照）がしっかりと定着していることを確認しながら活動します。音素が定着していない場合には，絵カードを使った音素の復習から始めましょう。

応用　音を聞くだけではつかみにくい生徒には，マグネットなどを準備して，1つの音素と1つの音素が加わることを可視化させます。

/a/ /t/

③ 音の合成②

このような生徒に

P105で扱った２音素のライムに，１音素のオンセットをたしていく練習です。２音素の学習から３音素の学習に一度に進むのではなく，その前段階としてオンセット・ライムを使って２音素に１音素をつなげる練習を行います。英語の音に馴染みにくい生徒に，英語の音のつながりに慣れながら，音韻意識を高めることを目的として指導します。

オンセット・ライムのたし算：c＋at＝cat

教材

① P105で使用したライムを使用する。
  例：at, it, ad, ip, id, et, en, ot など。

② 上記のライムとつなげると，実在の英単語となるオンセットを準備する
  例： at ：cat, sat, hat, fat, pat, mat
    ip ：hip, pip, tip, lip, ship, chip
    ad ：sad, pad, lad, fad, bad, dad
    it ：pit, kit, hit, sit, fit, wit
    en ：pen, ten, men, yen, hen
    ot ：pot, hot, dot, lot, wot, not など。

カードにしたもの

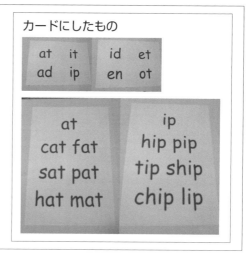

教師：/a/ /t/　２つの音をたしてみてください。
生徒：/at/
教師：そうですね。では，/at/ の前に，今から言う音を付けて言ってみましょう。
　　　まずは，練習です。後に続いてくり返してみましょう。/at/ /at/ /at/
生徒：/at/ /at/ /at/
教師：/c/ /c/ /c/ /cat/
生徒：/c/ /c/ /c/ /cat/
教師：よくできました。では，やってみましょう。
　　　/s/ /s/ /s/
生徒：/s/ /s/ /s/ /sat/
教師：はい。よくできました。/s/ /s/ /s/ /sat/

留意点 「子音＋母音＋子音」のパターンの単語を使いましょう。最初の子音がオンセットです。後ろの母音＋子音がライムとなります。

応用 文字の導入に抵抗のない生徒には，文字カードも同時に提示しましょう。

音の合成③

このような生徒に

P105と P106の練習を通して，オンセット・ライムの合成がうまくできるようになった生徒が対象です。音素の「たし算」ができるようになると，この後の音素の「ひき算」の操作がより簡単になります。また，この活動を通して，すでに知っている単語がいくつの音素でできているのかを確認することができます。

3つの音素をたしてみよう：c+a+t=cat

教材
生徒がすでに習得している
3音素からなる英単語の
イラストをカードにして，
3等分に切り分ける。
　例：bed, cat, dog, pen,
　　　cup, hat, hot, can,
　　　bag など。

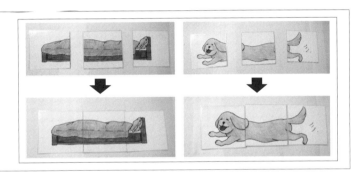

教師：（3等分されたイラストカードを1枚ずつ指さしながら）
　　　これは，/c/ 。次が /a/ 。最後が /t/ です。
　　　後についてくり返しましょう。/c/
生徒：/c/
教師：/a/
生徒：/a/
教師：/t/
生徒：/t/
教師：3枚合わせると？
生徒：cat
教師：はい。よくできました。/c//a//t//cat/ ですね。

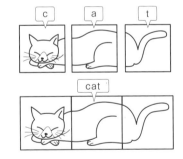

<ポイント>　音素を順につなぎ合わせることが難しい場合は，後ろからつないでいく。
例：/b//e//d/ の場合，/e/+/d/ で /ed/ 。/b/+/ed/ で /bed/

留意点　音節（発音における単位）を意識できることも大切な力です。英語の音節は，原則，子音／母音／子音が1つの単位です。bed の場合1音節です。pencil の場合は，pen-cil の2音節となります。

応用　文字の導入に抵抗のない生徒には，文字カードも同時に提示しましょう。

音の分解①

このような生徒に

音素のたし算がスムーズであった生徒でも，音素を細かく分解する作業には難しさを感じることが少なくありません。音を合成する力に合わせて，音を分解する力も音韻意識の重要な力です。中学校で学ぶ英単語は5音素以上であることが普通ですが，確実にできる2音素の分解から始め，少しずつ音素を増やし，音韻操作をできる力をつけていきます。

2つの音素を分けてみよう：et＝e＋t

教師：皆さん，この前の授業でやった活動をおぼえていますか？
　　　これは，何と読みますか？（黒板にiとpのカードを2枚並べて提示）
生徒：/ip/
教師：そうですね。/ip/くり返しましょう。/ip/ /ip/ /ip/
生徒：/ip/ /ip/ /ip/
教師：では，このipを離すと，それぞれの音は？
　　　（iとpのカードを離して）
生徒：/i/ と /p/
教師：そうですね。よくできました。/i/ と /p/ ですね。
　　　では，くり返しましょう。
　　　（2枚のカードを並べたまま）/ip/ /ip/ /ip/
　　　（2枚のカードを離して）/i/ /p/ /i/ /p/ /i/ /p/
生徒：/ip/ /ip/ /ip/ ，/i/ /p/ /i/ /p/ /i/ /p/

<2音素の分解に難しさを感じる生徒に>
音素を合成する活動（P105）に戻り，音素の意識を思い出せるようにします。

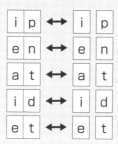

留意点　アルファベットカードはP105で作成したものを使います。カードを机の上に置き，自分で動かし発音しながら活動する方がやりやすい生徒もいます。小集団で一度行ってから，状況に応じて個別活動で進めてもよいでしょう。

音の分解②

このような生徒に

P108での２音素を分ける活動に，もう１音素増やした形の活動です。一度に３音素に分けるのではなく，オンセット・ライムを使って１音素＋２音素に分ける練習を行います。英語の音に馴染みにくい生徒に，英語の音のつながりに慣れながら，音韻意識を高めることを指導します。

オンセット・ライムのひき算：jet－j＝et

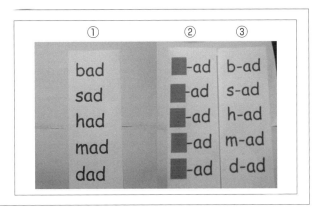

教材

同じライム（例：ad）をもつ
３音素の単語を使用して，
以下の３種のカードを作成します。

① 単語のカード
② オンセットを隠したカード
③ オンセットとライムを
　ハイフンで分けたカード

1. ①のカードを提示
教師：後について発音してみましょう。
　　　 bad, sad, had, mad, dad.
生徒：bad, sad, had, mad, dad.

2. ②のカードを提示
教師：bad の ad の前の音は？
　　　 くり返してみましょう。
生徒：/bad/ /b/ /ad/

3. ②の横に③のカードを提示
教師：そうですね。/b/ と /ad/ に分かれます。
　　　（同様にすべての単語を行う）

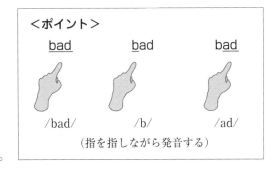

＜ポイント＞

bad　　　　bad　　　　bad

/bad/　　　　/b/　　　　/ad/

（指を指しながら発音する）

留意点　一度通してやってから，リズムを取りながら，テンポよく進めましょう。

　　　 /bad/ /bad/ /b/ /ad/, /sad/ /sad/ /s/ /ad/, /had/ had/ /h/ /ad/, ……

　　　 ♩　　 ♩　　♩　♩　　♩　　♩　　♩　♩　　♩　　♩　 ♩　♩ ……

応用　ch, sh など，２文字で１音素のオンセットを混ぜてみましょう。

　　　 例：chat, chin, shot, shin など

音の分解③

このような生徒に

P108と P109の練習を通して，２音素とオンセット・ライムを分けることがうまくできるようになった生徒が対象です。３つの音素を分離することができると，この後の音素のひき算の操作がより簡単になります。音韻意識を高めるための音韻操作の力を養うための指導をします。

３つの音素を分けてみよう：jet＝j＋e＋t

教材	P107で作成したイラストカード

教師：これは，英語で何と言いますか？
生徒：jet
教師：そうですね。jet ですね。
　　　（/jet/ と発音しながら，音素の数だけ（３回）指差す）
　　　音は何個あるかな？
生徒：３つ
教師：そう３つですね。
　　　/j/ /e/ /t/ の３つですね。
　　　（イラストを３つに切り離して，ゆっくり発音する）

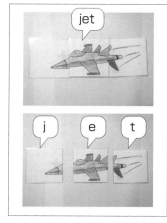

教師：では，これは何かな？（イラストを提示）
生徒：bus
教師：そうですね。bus, bus, bus.
　　　では，音は何個あるかな？
生徒：３つ
教師：そうですね。３つですね。
教師：（イラストを３つに切り離して）では，３つの音を言ってみましょう。
生徒：（教師が指すイラストにあわせて）/b/ /u/ /s/
教師：そうですね。/b/ /u/ /s/ の３つですね。

留意点　教材には，P107で使用したイラストカードを使います。生徒がよく知っている単語ですが，日本語のローマ字表記の発音（子音＋母音）にならないように気を付けましょう。

応用　文字に抵抗がない場合，イラストとともに文字を提示しましょう。

音と文字の対応①

このような生徒に

はしごを下から上へ登っていくイメージで，音素を組み合わせていく学習です。単語を文字でとらえることが苦手な生徒に，単語のつづりの過程を，単語の音と共に順序よく提示すると，理解しやすい場合があります。1つの単語の中で，音（文字）がどのようにつながっていくのかを正方形のマス目で視覚的に理解できるように指導します。

単語のはしごを登っていこう

| 教材 | はしご表，アルファベット文字カード（P105で作成したもの）

			c a t
		a t	
	t		

			d e s k
		e s k	
	s k		
k			

教師：これから1つの音を3回言います。よく聞いてください。
　　　/t/ /t/ /t/（発音しながら生徒の様子を確認する）
教師：できましたか？　お隣さんと確認してみましょう。
教師：さっきの音に1音加わります。はしごを一段登りますよ。/at/ /at/ /at/
教師：できましたか？　お隣さんと確認してみましょう。
教師：次に，もう一段はしごを登りましょう。cat, cat, cat.
教師：階段にできた単語を読んでみましょう。

留意点　文字が十分定着していない生徒がいる場合，活動の前に，机上に文字カードをアルファベット順に並べる活動から入ります。そうすると，音を聴いて文字が瞬時に想起できない場合の手がかりとなります。

応用　ペアワークにしてゲーム感覚で進めていくことも可能です。

音と文字の対応②

このような生徒に

P110の活動で，イラストカードを使って音素を３つに分解することが難しかった生徒に，文字を使って単語を音素に分解していく過程を，視覚的かつ段階的に示します。階段状のマス目を使って音素が減っていく様子を順番に提示することで，音の分解の過程を理解できるようにし，音韻意識を高めます。

アイデア

単語のはしごを降りていこう

教材 はしご表，アルファベット文字カード（P105で作成したもの）

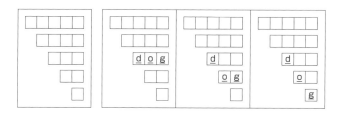

教師：よく聞いてください。dog, dog, dog. 何が聞こえましたか？ ——生徒：dog

教師：そうですね。dog。音は何個ですか？ ——生徒：３つ

教師：はしご表の３マスのところに，アルファベット文字カードを置きましょう。

教師：できましたか？ お隣さんと確認してみましょう。

教師：では，うしろの２文字だけを１段下のマス目に下げましょう。

教師：２つの文字は何と発音しますか？ ——生徒：/og/

教師：そうですね。/og/ /og/ /og/

教師：では，最後の１文字だけを，また１段下のマス目に移動させてください。

教師：何と発音しますか？ ——生徒：/g/

教師：そうですね。では最初から続けてやってみましょう。くり返してください。
　　　dog, /og/, /g/（文字カードを移動させながら発音する）

生徒：dog, /og/, /g/, dog, /og/, /g/, dog, /og/, /g/

留意点 生徒がそれぞれ自分の机上でカードを動かします。口がきちんと動いて音が発声されているかどうかを確認しながら進めましょう。

応用 ペアワークにしてゲーム感覚で進めていくことも可能です。

文字を書いてみよう①

このような生徒に

英語の鏡文字と言われる「b-d」や「p-q」，紛らわしい形「D-O」「E-F」「s-z」「m-n」「r-n」などを区別するのに難しさのある生徒が，文字を判別しやすくなるように指導します。文字の形に何かしらのフック（記憶に引っかかるヒント）を付けて，想起しやすい教材にします。

間違えやすい文字の覚え方

b と d：「ベッド」

両手で OK サインを作ってください。
左手が b，右手が d です。
穴のできている方向を確認しましょう。
では，一緒にやってみましょう。
bed, bed, bed.

p と q：「ぷくぷく」

両手でこんな形を作ってください。
左手が p，右手が q です。
拳の丸ができている方向が，
p と q の丸が出ている方向と一緒です。
では，一緒にやってみましょう。
/p/ /q/, /p/ /q/, /p/ /q/

j と "し"：「上司」

アルファベットとひらがなのペアですが，読み書きに難しさのある生徒には，混同されやすい文字です。イラストの上で，「じょう」と言いながら j を空書きし，「し」と言いながら「し」を空書きします。

h と n：「高いのが h」

h と n は高さが違う紛らわしい文字の一つです。n から見て，h は high「高い」ですね。イラストを示しながら，見上げる仕草をして，high, high, high と繰り返します。

留意点　見た目の形と音（読み）をつなげるような仕掛けをつくりましょう。

応用　余裕のある生徒には，紛らわしい音素も提示しましょう。

文字を書いてみよう②

このような生徒に

アルファベット文字には，大文字と小文字があります。大文字から英語学習を始める教材がありますが，生徒が学習で使用するのは小文字であることが圧倒的に多いです。大文字と小文字の組み合わせを学習させることで定着させ，アルファベット文字がスムーズにつづられるように指導します。

アイデア 大文字と小文字をセットで覚える

【教材】

<アルファベット練習用の四線紙>

・下から2線目を赤くして，この線が基準となることを生徒に意識させる。
・下から2線目と3線目の間を広くする。

<家形アルファベット文字カード>

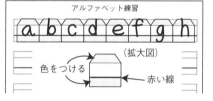

・四線紙に家の形の枠を印刷し，罫と罫の間を色分けして，文字を記入しやすくしておく
・生徒が1マスに1文字，大文字と小文字を記入し，カードを切り離す。

① 四線紙の上に大文字のアルファベットカードを置く。
② 大文字の横に小文字のアルファベットカードを置く。
③ 大文字と小文字の組み合わせが正しいことを確認する。
④ アルファベットカードを手本にして，四線紙の右側に文字を書く練習をする。

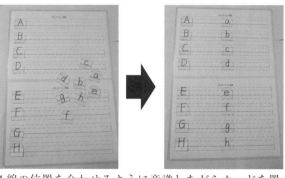

4線の位置を合わせるように意識しながらカードを置く。

[留意点] 4線と文字の位置を確認しながら進めます。文字カード上の4線と練習用紙の4線が合致しますので，用紙の上にカードを置きやすくなります。

[応用] 文字を書き写す際には，必ず横に模範を置きます。摩擦を感じやすい筆記用具を使い，書く感触が実感できるようにします。

文字を書いてみよう③

このような生徒に

聴覚からの音の入力に強みがある生徒に，聴いた音とアルファベット文字を結び付ける指導をします。聞き取りができても，文字を瞬時に想起することにむずかしさのある生徒のために，イラスト入りのアルファベット文字一覧表を準備します。

聞こえてくる音を文字にする

教材 アルファベット練習用の四線紙
（P114で使ったもの）

① 教師がアルファベットの１つの音を
　３回発声する。
② 生徒はよく聴いて，そのアルファベット
　文字を四線紙（P114参照）に書き入れ
　る。
③ 全員が書けたら教師が黒板に答えを書く。
　（４線の書き始めの位置や書き順を生徒
　が確認できるように模範を示す）

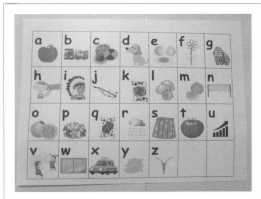

※イラスト入りのアルファベット文字一覧表をヒントとして生徒に示しておく。

<アルファベット文字の書き順について>
　アルファベットの書き順を大文字と小文字ともに正確に覚える必要性については，議論のあるところです。書き順が違っていても，形を捉えることができる生徒は，文字を再現することができます。しかし，形を捉えることが苦手だったり，漢字を書いても偏や旁の位置関係があまりバランスがよくない生徒の場合は，常に同じ書き順をすることで書字の学習が進み，書きやすさにつながる可能性があります。

　生徒の前でアルファベットを書く場合は，先生自身も書き順を意識して，指導するようにこころがけてください。アルファベットの書き順については，文部科学省のHPにも一例が掲載されています。

小文字　　　大文字

https://www.mext.go.jp/a_menu/kokusai/gaikokugo/1356182.htm

留意点 １音素を聴いて文字を想起する，さらにそれを筆記するという２段階の活動です。学習における認知的負担が大きいので，生徒の様子を観察し，ストレスの状態を確認しながら活動を進めましょう。

応用 余裕のある生徒には，ph, ch, th, sh など，２文字で表す音素を出題します。

文で表現しよう①

このような生徒に

英語と日本語の統語の違いを意識しながら，英語の基本的な文構造を学習します。鉛筆，ノート，文字だけを使っての学習よりも，からだで反応する活動を入れることで学習が促進される生徒に，英語の基本の文構造を定着させる指導をします。

体で反応しよう　SV編（第一文型）

1. 第一文型の構造をカードで示す

教師：英語では，まず「だれが」が最初にきます。
　　　次に「～します」がきます。
　　　この順序が基本です。

①
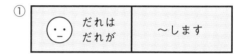

2. 単語カードをあてはまる位置に置く

教師：「私は走ります」というとき，
　　　「私」は "I"，「走る」は "run" です。
　　　I と run はどの位置に入りますか？

②
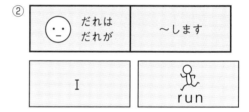

3. 文の意味を体で表現する

教師：くり返しましょう。"I run."
生徒："I run."
教師："I run." はどのような動作ですか？
生徒：（走る真似をする）
教師：そうですね。

③

4. その他の動詞も同様に行う

教師：先生が指を指す英文を読んで，その動作をしてください。
　　　（ランダムにカードを示し，生徒の反応を確認する）

留意点　run, dance, sleep, walk など，その場で体を使って表現できる動詞を扱います。周りにぶつからないよう，身体を動かせる空間のある場所で活動します。

応用　主語に I だけでなく，We なども取り入れましょう。

文で表現しよう②

このような生徒に

P116の活動に続いて，主語と動詞のつながりに目的語を入れた基本文型を導入します。鉛筆，ノート，文字だけを使っての学習方法よりも，からだで反応する活動を入れることで学習が促進される生徒に，英語の基本の文構造を定着させる指導をします。

体で反応してみよう　SVO編（第三文型）

1．第一文型を復習する

教師の動作を生徒が英語で答える。

※ I run. I sleep. I dance. I walk. など一通り復習する。

①
だれは だれが	〜します
I	run

2．目的語を伴う動詞（他動詞）を提示する

単語の意味を教師の動作で確認する。

 I like〜

 I eat〜

 I have〜

②
だれは だれが	〜します	〜を / 〜に
I	read	

③
だれは だれが	〜します	〜を / 〜に
I	read	a book

3．文の意味を体で表現する

教師：（本を読む動作をしながら）I read 〜 .

生徒：a book.

教師：そうですね。I read a book.

生徒：I read a book.（本を読む動作をしながら）

④  I read a book.

留意点　導入は，すでに学んでいる学習内容を復習し，関係づけさせることから始めます。既知の事柄と結びつけることで理解や定着につながりますが，自動的にできる生徒とできない生徒がいることに留意しながら，文法事項の関連を意識させていくことが重要です。

応用　主語は I だけでなく，We なども取り入れましょう。

文で表現しよう③

このような生徒に

P116とP117に続いて，主語と動詞に加えて，主語について述べる内容となる補語がつく基本文型を学習します。鉛筆，ノート，文字だけを使っての学習方法よりも，からだで反応する活動を入れることで学習が促進される生徒に，英語の基本の文構造を定着させる指導をします。

体で反応してみよう　SVC編（第二文型）

1．第三文型を復習する

教師：動作で表現してみましょう。
　　　I read a book.
生徒：I read a book.（本を読む動作をする）

2．「私は○○です」の表現を練習する

教師：今日は，主語について説明する表現を学習します。くり返しましょう。
教師：I am ～ .
生徒：I am ～ .

教師：I am a student. はいどうぞ。
生徒：I am a student.
教師：I am happy. はいどうぞ。
生徒：I am happy.

3．文の意味を体で表現する

教師：先生が指さすイラストを英語に直して，動作で表現しましょう。I am happy.
生徒：I am happy.（にこやかな表情をする）

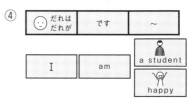

留意点　「I am ～ .」は動作にしにくい表現ですが，英語表現の構造に慣れることを目的とします。補語には身体で表現しやすい単語を使用します（例：a student, a teacher, a nurse, a doctor, a firefighter, happy, sad, excited, lonely など）。

応用　主語を We で始めてみましょう。

英語の動詞は二種類

このような生徒に

日本語と英語の統語的違いが明示されずに学習が進んでいく場合に，生徒が英語の文法的な規則に気づきにくいことがあります。帰納的に自ら法則化することに弱さのある生徒に対して，なるべくシンプルに be 動詞を導入することをねらいとして指導します。次のレッスンにつながるように，主語と be 動詞がスムーズに合致する程度まで練習します。

イコールでつなぐのがbe動詞

1. be 動詞について説明する

教師：今日は，状態や動きを表す英語の動詞について勉強します。
　　　英語には，前と後に来る単語をイコールでつなげる動詞があります。
　　　まずはこの 3 つを覚えましょう。am, is, are です。

2. イコールでつないで文を作る

教師：「私」と「生徒」をイコールで結んで，「私は生徒です」というときは，どう言いますか？
生徒：I am a student.
教師：そうですね。I と a student を「am」が結び付けます。

3. 主語を変えて表現する

教師：前に来る単語は，I の他にもたくさんあります。
　　　（カードを見せながら発音）
教師：これらを後ろの単語とつなげるとき，使う動詞にはルールがあります。（カードを見せながら発音）
　　　I am, You are, Tom is, Mary is, She is, He is,
　　　We are, They are

4. 主語と動詞をセットで練習する

教師：I は am，You（あなた一人）は are，1 人の Tom, Mary, She, He は is，2 人以上の You（あなた方），We, They は are です（一度通して言う）。
教師：主語カードをめくるので動詞を続けてみましょう（何度も繰り返してスムーズに発話できるように指導する）。これが，be 動詞と呼ばれる動詞です。

留意点　新出文法事項を導入する場合の説明は，シンプルかつ明示的に行い，基本となる項目を定着させるように，パターンプラクティスなどを用いて指導します。

応用　生徒の様子を見ながら，be 動詞の後につながる補語となる単語も練習に加えましょう。

英語の人称

このような生徒に

「三人称単数現在の -s」が導入される場面において，「人称」というものの理解が十分でない生徒の場合，「ある場合には動詞が変化する」ということだけが漠然と印象付けられて学習が終わっているケースがあります。曖昧なイメージのままでは学習が定着しにくい生徒に，空間意識を利用してイメージを具体化できるよう指導します。

体の向きと距離で感じよう

1. 図を使って理解する

英語では，第一人称，第二人称，第三人称という考え方があります。この図をみてください。

①……第一人称は「私」です。私と同じグループの人たち「私たち」も①となります。

②……第二人称は「私」の目の前にいる人「あなた」です。あなたと同じグループの人たち「あなたたち」も②となります。

③……第三人称は①②以外のすべてです。

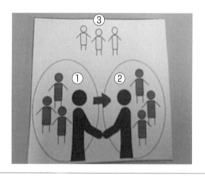

2. 自分からの距離を使って理解する

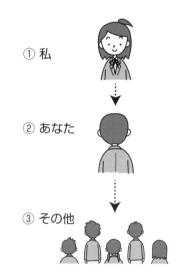

① 私

② あなた

③ その他

3. ペアの相手と練習する

① 私　　　② あなた　　　③ その他

・教師が言う人称を指さす

・テンポよくできるようになるまでランダムに練習する

留意点　英語と日本語の違いから，日本にはない文法や概念が学習項目に出てきます。シンプルにくり返す指導をしましょう。難しい文法用語を使ったり，日本語文法の説明から詳しく始めたりすると，生徒の意欲がそがれてしまう可能性があります。

応用　人称の英単語カードを使い，図の中にカードを置いていく活動もできます。

人称と動詞の関係

このような生徒に

P116で習った文型を人称の概念と関連付けながら，くり返しの練習で定着をはかるレッスンです。点で入ってきた情報や知識を自分で関連づけることが苦手な生徒に，主語となる単語，述語となる一般動詞，目的語となる単語のカードを準備し，基本例文の定着をはかりながら，三人称単数現在のルールを明示的に，かつ既習事項と関連付けて習得させます。

3人称単数現在ってなんだろう？

1．人称を復習する

教師：これは何人称ですか？
　　　単語を読みあげ，意味を言いましょう。

☺ だれは だれが	～します	～を / ～に
I	like	dogs

2．三人称を含む文を例示する

教師：大きな声でくり返しましょう（動詞の部分を強調して発音する）。
　　　I like dogs.　Mary likes dogs.
　　　We live in Tokyo.　She lives in Tokyo.
　　　You play tennis.　Tom plays tennis.
　　　違いがわかりましたか？
　　　そうですね。主語が「Mary, She, Tom」の場合，動詞に -s が付いていますね。

3．三単現のｓについて説明する

教師：「s」が付くのは何人称ですか？
　　　主語が三人称，単数で現在のことについて
　　　述べる場合，動詞には -s が付きます。
　　　これを「三単現の -s」と言います。

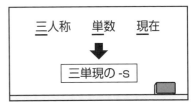

4．三人称を使って文を作る

教師：先生が主語を言うので，カードから動詞を選んで
　　　文を言いましょう。

留意点　変化が複雑な動詞は避け，シンプルに -s をつける動詞を使います。主語や目的語についても，シンプルで難易度の低い単語カードを準備します。

応用　単語カードを黒板に貼り，全員に見えるようにして，文ができたペアから発表するなどゲーム感覚で活動することもできます。

日常的な英語表現①

このような生徒に

日常生活において，英語で表現されているものが少なくない社会となりました。身近な標識のマークの意味と結びつけて，英語表現を理解できるようになることをねらって指導します。

アイデア 標識の意味は何？

1. 標識の意味を表す英語表現を知る

教師：この標識を見てください。
　　　どんな意味でしょうか？
生徒：駐車禁止
教師：そうですね。駐車禁止。
　　　英語で No parking です。
　　　くり返しましょう。No parking
生徒：No parking
教師：では，これは？
生徒：駐車場
教師：そうですね。英語で，Parking。
　　　くり返しましょう。Parking
生徒：Parking
　　　（以下同様にすべての標識について行う）

2. ランダムに練習する

教師：これから指さす標識の英語表現を言ってください。
　　　（標識を1枚ずつ指さす）
生徒：（英語表現をテンポよく回答する）

※生徒がスムーズに回答できるようになったら，次の表現に進みます。

教材

No parking　No entry / Do Not Enter

P Parking　STOP

EXIT　NO PHONE

留意点　街中を歩いてみて，交通標識や案内板などから，一般的なものを題材に拾い出しましょう。教師のあとについて発音する際は，生徒が文字と音を一致させられるように留意します。

応用　交通標識に限らずに，社会全体で見受けられるアイコンなども取り入れましょう。

日常的な英語表現②

このような生徒に

日常において，英語で表現されているものが少なくない社会となりました。家の中や暮らしの中でよく見かける英語表現を理解できるようになることをねらって指導します。

生活で見かける英語表現

1. よく見かける英語の意味を知る

教師：このイラストを見てください。
　　　どんな意味でしょうか？
生徒：外へ
教師：そうですね。英語で out です。
　　　くり返しましょう。out
生徒：out
教師：では，これは？
生徒：中へ
教師：そうですね。英語で, in。
　　　くり返しましょう。in
生徒：in
　（以下，同様に行う）

2. ランダムに練習する

教師：では，これから指さすイラストの
　　　英語表現を言ってください。
　　　（イラストを1枚ずつ指さす）
生徒：（英語表現をテンポよく回答する）

※生徒がスムーズに回答できるようになったら，次の表現に進みます。

教材	
 in	 out
 up	 down
 pull	 push

留意点　家の中でよく見かける英語表現を学びます。階段やドア，電化製品や商品パッケージなどに表示されている英語から，一般的なものを拾い出しましょう。教師のあとについて発音する際は，生徒が文字と音を一致させられるように留意します。

応用　身近なものから表現をみつけて調べてみましょう。

自立活動とは何か

　思春期・青年期の発達指標の一つに,「同年代の人間と適切なかかわりが持てるかどうか」があります。

　特別支援教室や通級指導教室に通う生徒は,自分のことを受け入れてくれる"大人"とのかかわりや,年下とのつき合いはうまくいく反面,同年代の友人とのつき合いがなかなかうまくいかないことも多いようです。仲間と話題を共有して話すことや,雑談を交えて交流することが難しく,自分の好きな話題を一方的に話してしまうことで,対等な友人関係を築くことができないのです。

　こういった状況では,自分と他の人の考え方を照らし合わせて折り合いをつけたり,自分のことをうまく表現して理解してもらうといった思春期・青年期特有の課題を乗り切ることが困難になってしまいます。

1. 通級指導教室や特別支援教室におけるグループ指導の必要性

　発達に偏りのある生徒の多くがコミュニケーション上の課題を持っています。一人でいることが苦にならないタイプの生徒なら,教室の中でも"居場所"を見つけやすいのかもしれません。しかし,中には仲間とのかかわりを求め続けていても,適切な距離が把握できないまま,人に近づき過ぎて敬遠されたり,反対に距離を置き過ぎて,集団の外側に置かれてしまって,自信を失っている生徒もいるでしょう。

　また,暗黙のルールを理解できないことから,状況に応じた行動がとれずに,集団活動や遊びなどへの参加に支障をきたす生徒もいます。「友達ができない」という訴えをする生徒のなかに,嫌われるのが怖くて「No」が言えずにいじめ被害に遭ったり,反応が過剰なためにからかいの対象になることもあります。そしてそのような生徒が,いじめの状況を適切に説明することができず,"被害者"と認められないこともしばしばあります。

　さらに,感覚の過敏がある場合は,それを我慢することにエネルギーの大半を費やし,日頃から過大なストレスをため込んでいます。そのためパニック（周囲を攻撃する,またはフリーズする）を引き起こし,"扱いにくい""つき合いにくい"存在として疎んじられてしまうこともあります。

　このような状況を克服するために,特別支援教室や通級指導教室では,SST（ソーシャル・スキル・トレーニング）を行います。個別指導や小集団での指導を通じて,同年代とのグループ討議,グループ学習,自分の置かれた状況の把握,自己認知,対話の方法,意見の発表・交換といった,在籍クラスで活用できるスキルの習得をめざします。

2．自立活動

　学習指導要領では，自立活動の目標として「健康の保持」「心理的な安定」「人間関係の形成」「環境の把握」「身体の動き」「コミュニケーション」という 6 つの区分を挙げています。その中でも，人間関係にかかわる困難を克服するためソーシャルスキルやコミュニケーション能力を高めること，人とのかかわりを通じて自分の得意なことや不得意なことを自覚できるようにすることは，特別支援教室や通級指導教室に通う思春期・青年期の生徒たちにとって，とても重要な意味を持ちます。また，人間関係スキルを学び，正しい対処法を身につけることは，「不登校」や「心身症」といった合併症（二次障害）を招かないためにも必要です。

　コミュニケーションには，言語によるもの，非言語によるものがありますが，思春期・青年期になると，非言語的コミュニケーションの割合が増してきます。いきいきとした学校生活を送るためには，言葉の表現だけでなく，非言語的コミュニケーションのスキルを高めることがとても重要です。

3．活用できる SST を求めて

　SST では，「あいさつ」「物の貸し借り」「協力の依頼」「謝罪」「話の聞き方」から始まって，「ストレスへの対処」「感情（特に怒り）のコントロール」「断り方」「気持ちの伝え方」といった日常生活を想定したその場の状況への対応策まで，生徒に合わせて指導を行います。

　しかし日常生活で，生徒が SST で学んだことを「知ってはいるが，使うことができない」という側面もあります。理由として，SST で使われる言葉が子どもたちの日常からかけ離れた言葉遣いである場合や，SST で身につけたことを実行して恥ずかしい思いをしたことがある，落ちつかないクラスでソーシャルスキルを実行しても，相手からポジティブなフィードバックが得られにくいことなどが考えられます。

　斎藤（2015）は，ソーシャルスキルが守るべきルールとして指導されている現状を踏まえ，「（前略）環境との相互作用で生じる『よく見て・よく聞いて』といった身体領域の入力の部分にも介入する必要がある。この領域に焦点化して，はじめて『自分のルールを実行して』が『その場のルールを理解して』に変化」すると述べています。SST を，その場限りの学習で終わらせないためには，マニュアル教材に頼らず，その生徒にとって面白く（興味深く），事後も継続的な強化がしやすいスキルを厳選して，身体的・体験的・継続的に学んでもらうことがとても重要なのです。

言語的コミュニケーションの指導

このような生徒に

言語によるコミュニケーションは容易だと考えられがちですが，発達障害や，その傾向のある生徒にとって，「必要な情報を正しく聞き取ること」や「情報を相手にわかりやすく説明すること」は特に難しい課題です。情報を正しく聞き，再現するためのトレーニングを楽しみながら行います。

表現力，情報を聞き取る力を育てよう

私は誰でしょう

・制限時間は 1 問 1 分。
・質問には「はい」「いいえ」で答える。
・少ないヒントで答えられた人が勝ち。

人間ファクシミリ

① 送信者は絵を見てアイテムの位置や大きさを伝える。
② 受信者はそれを聞いて白紙上に描く。
③ すべてを描き終えたらお互いの絵を見せ合いわかりやすい表現などを話し合う。

留意点　ゲームのお題は，中学生には身の回りの物や食べ物，動物といった具体的な言葉が向きます。高校生なら，卒業・平和・恐怖・幸福……といった抽象語でもよいでしょう。

意見や情報をわかりやすく伝える

このような生徒に

「主体的・対話的で深い学び」が推奨され，中学校・高等学校の授業では，生徒が自分の考えや情報を発信する機会が増えています。しかし，何を発表したらいいかわからなかったり，人前で自分の意見を他者に伝えたりすることが苦手な生徒も少なくありません。プレゼンテーションの方法を事前に体験することで，わかりやすく伝えるスキルを身につけます。

アイデア

「通級指導教室・特別支援教室」をプレゼンテーションしよう

① プレゼンテーションを行うことの意味を学習した後，内容を考える。

② プレゼンしたいことを書いた付箋を該当する項目の下に貼る。

③ 担当項目のポスターを作る。

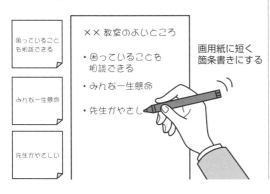

④ 発表会を行い，互いに評価をして感想を述べる。

留意点　小集団活動の場合には，相談する内容を具体的に提示してグループ内での協力を促すとよいでしょう。

応用　実際に新入室生へ向けてプレゼンテーションをすると，より大きな達成感を得ることができます。また，プレゼンテーションのテーマも生徒に考えさせると，より発展した活動になります。

人の意見を取り入れながら考える

● このような生徒に

他の人と一緒に考える作業では、その人がなぜそう考えたのかを知るために視点を変えたり、よりよい結論にたどりつくために、他の意見をどう取り入れることができるかを考えたりすることが大切です。仲間と協力して複数の情報を組み合わせる活動を行います。

他の人と助け合って考えよう

言葉の説明

① 中央の言葉から連想する語を書き足す。

② 10個ほど集まったらその言葉を全て使い文章化して発表する。

ストーリーの復元

① A・B2つのチームに分かれ、バラバラにした本のページを並び替える。

チームごとに本を用意する。本はページごとにカラーコピーしたものをラミネートして紙芝居のようにして使う。

② Aチームは並び替えたページを順番に読み、Bは実物の本を参照して合っているかを判定する（その後AとBを交代する）。

留意点 「言葉の説明」で指示する語の例：「くせ」「大人」「習慣」「長所」「文明」「幸福」「友情」「充実」など。
「ストーリーの復元」で準備する本は15ページ以上のもので、展開が簡単過ぎないものを選びます。また、答え合わせで本文を読むときには、得意・不得意に配慮しながら、全員が一度は読むようにします。

言葉を考え, 広げる

このような生徒に

興味関心の狭さや, 読み書きの苦手さから, 語彙が少なく, 言葉から発想することや言葉で説明をすることが苦手な生徒がいます。互いの知っている「言葉」について, 意味から言葉を考えたり, 例文を参考にしたり, 他の言葉と関連づけながら作文するなどして, みんなで語彙を広げる学習をします。

アイデア

辞書を使ってクイズを出し合おう

① 全員がそれぞれ
2～3個の言葉を選んで調べる。

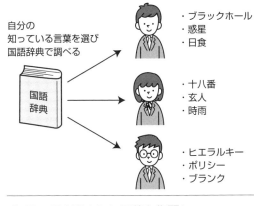

自分の
知っている言葉を選び
国語辞典で調べる

国語
辞典

・ブラックホール
・惑星
・日食

・十八番
・玄人
・時雨

・ヒエラルキー
・ポリシー
・ブランク

② それぞれの人が調べた言葉をあてる。

ヒントを出す

1, 超高密度・大質量で, 強力な重力のために物質も光も脱出できない天体です。

2, カタカナで「ブ」から始まる言葉です。

何文字ですか

3, あらゆるものを吸いこみます。

辞書を見てOK
回答者は質問することもできる

③ その日出題された言葉を復習し, どのような時に使うかを話し合う。

「十八番」はテレビで
聞いたことあるよ

音楽以外でも
使うのかな？

④ 学習した言葉を使い, 短文を作る。

この曲は私の十八番だ

チャーハンは僕の十八番の
手料理だ

留意点 「知っている言葉を選ぶ」「辞書の最初の意味を書く」ことをルールとして提示します。問題にする言葉を選べない生徒に対しては, 「『さ』がつく言葉で問題を探してください」など, 教員が指示をだすと選びやすくなります。

2つの動作を同時に行う

このような生徒に

言葉を聞いて即座に反応するなど，２つの異なる情報処理を同時に行うことが苦手な生徒がいます。学校生活の多くの場面では，情報をよく見て，よく聞いて，ルールを思い出して，適切に体を動かすなど，複雑なことを瞬時に判断して行動することが求められます。ゲームや動作を通じて脳や体を活性化させます。

アイデア 複雑な動きのゲーム

キャッチ！

① 数人で輪を作り，下の図のように手を置く（隣の人と手はくっつかないようにする）。

② 教師が「キャッチ」と言ったら左手で隣の人の指を掴み，右手は掴まれないように逃げる。

キャ，キャ，キャ，キャ，キャッチ！

キャ，キャ，キャ，キャ，キャベツ！

「キャンディー」「キャベツ」「キャップ」などを混ぜると紛らわしくなる

あんたがたどこさ

① "♪あんたがたどこさ"を歌いながらステップで左へ回る。

② 「さ」のところで手拍子を打つ。

♪あんたがたどこさ

留意点 「キャッチ！」では，ひと通り終わったら，左右の手を逆にして同じことをくり返します。「あんたがたどこさ」では，最初は一つだけの動作にします。慣れてきたら「右に戻る」「前に出る」「後ろに下がる」など，動作の指示を増やします。失敗してもみんなで楽しめることが重要です。

非言語的コミュニケーションの指導

このような生徒に

中学生・高校生になると，視線や表情，ジェスチャーや指さしの動作など，はっきりとは言葉にされない非言語で示されたメッセージを理解することが仲間とのつき合いにおいて要求されます。対人関係がスムーズにいかない生徒のために，非言語メッセージのやり取りを模擬体験することで学習し，コミュニケーションのスキルを高めます。

相手の言いたいことを想像しよう

表情と手で伝えよう

① 発信者は3つの方法を駆使して10秒間メッセージを伝える。
　（首の動き以外のジェスチャーや口パクは禁止）
② 答え合わせの後，この時の発見や感覚を発表し，どうやったら伝わるのかを話し合う。

―3つの方法―
① 目だけ　② 手だけ　③ 目と手

話を聞いてほしいのかと思ったよ

「好き」を伝えようと見つめてたのに！！

メッセージの例：「好き」「嫌い」「会えて嬉しい」「さようなら」「助けて」「興味ない」「大丈夫？」「悲しい」「ごめんなさい」など

コミュニケーションゲーム

① カードを1枚引き，共通のお題を決める。
② アルファベットが書かれたくじを1人1枚引く。
③ アルファベットに対応するシチュエーションでお題の言葉を表現する(声と表情のみで伝える)。
④ 他の人はどのシチュエーションかを当てる。
　参考：『はぁって言うゲーム』(幻冬舎)

うーっ

A おなががいたい
B くやしい
C いかく
D 息ができない
E 足の小指をぶつけた

うーっ

B か C かな？

留意点　発信者，受信者を交代しながらくり返します。手と手の接触を嫌う生徒には強要しません。

パーソナルスペースを知る

このような生徒に

人との距離感がつかめない生徒が，相手に不用意に近すぎて嫌がられることがあります。人には誰でも「それ以上侵入されたくない距離や範囲」があり，その場の状況，相手の年齢・性別，知り合ってからの時間，関係性などによって変わります。実際に2人で動きながらその距離を測ってみることで，人との距離感を理解します。

心地よい距離はどこ？

① 接近する側はちょこちょこ歩きでゆっくり相手に近づく。

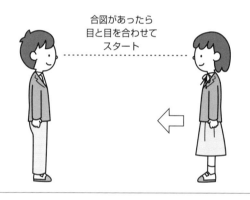

合図があったら
目と目を合わせて
スタート

② それ以上来てほしくない距離で接近される側が「ストップ」と言う。

ストップ！

言われたら
すぐに止まる

ピタッ

③ 2人のつま先とつま先の間の距離を巻き尺で測定する。

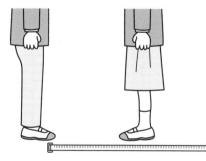

④ 感想を伝え合った後，実際にあった距離感に関するエピソードを発表する。

顔が近いとよく言われるけど
これだと近すぎ？

近いよ！

留意点 接近される側，接近する側の両方を体験します。また，場所や相手をいろいろ変えて試してみます。接近する側も相手に侵入されたくないスペースがあると知ることが大切です。

自分の考えや経験を言葉で伝える

このような生徒に

自分の考えや経験を話すことが苦手な生徒がいます。苦手意識が高まると，ますます言葉が出なくなってしまいます。ゲームをしながら，自分なりに表現できるようにします。失敗はないので，一緒に楽しく行い，友達の考えや表現からも学びます。

ゲームで楽しみながら表現する

リズムゲーム

① 各自で決めたポーズをとりながらお題を言う。

② お題の答えをリズムに乗って答える。

③ 次の人をポーズで指名する。

言葉表現すごろく

① 「すごろくシート」「サイコロ」「各自のコマ」を用意する。

② すごろくを行い，止まったマスの指示に従う。

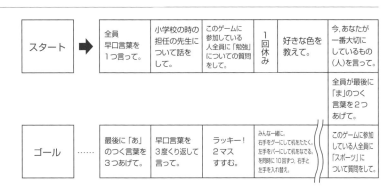

スタート	→	全員早口言葉を1つ言って。	小学校の時の担任の先生について話をして。	このゲームに参加している人全員に「勉強」についての質問をして。	1回休み	好きな色を教えて。	今,あなたが一番大切にしているもの(人)を言って。
							全員が最後に「ま」のつく言葉を2つあげて。
ゴール	……	最後に「あ」のつく言葉を3つあげて。	早口言葉を3度くり返して言って。	ラッキー！2マスすすむ。	みんな一緒に。右手をグーにして机をたたく,左手をパーにして机をなでる。同時に10回ずつ,右手と左手を入れ替え。	このゲームに参加している人全員に「スポーツ」について質問をして。

留意点 「リズムゲーム」はスローテンポで始め，慣れてきたら徐々に速くしていきます。ポーズをとるときは次に指名する人をしっかり見るようにしましょう。「言葉表現すごろく」では，単語で話すことやパスを禁止にします。話している内容をきちんと聞くようにします。

第3章

障害特性をふまえた
生徒の理解と支援

1 SLD の生徒の学校生活での困難と課題

1．つまずきの背景

　SLD（限局性学習症）では，「聞く」「話す」「読む」「書く」「計算する」「推論する」など学力の基礎となる基本的なスキル（学業的技能）に弱さがみられます。このようなSLDの特性は，学習が本格化する小学校中学年ごろに顕在化し，苦手さの様態を変えながら中学生・高校生になっても続き，子どもの学力や自尊心の低下につながります。

　これまでの国内外の研究において，学業的技能の弱さの背景には，聴覚や視覚の情報処理や記憶，言語能力，協調運動など様々な脳の中で行われる処理機能（認知機能）の弱さがあることがわかってきています。また，これらのSLDの要因となる認知機能の弱さは，種類や程度において一様ではなく，一人一人異なります。そのため，SLDがある生徒に適切な支援を行うためには，その認知機能の特徴に合わせたオーダーメイドの支援を行うことが必要となります。

　SLDがあると思われる生徒でも，他の発達障害がおもな要因となり，学習のつまずきが出ているケースや，SLDと他の発達障害の特性が合併して学習のつまずきが出ているケースがあります。困難の要因は複数の事象が関連し合うことが多いため，ここで記述した内容が必ずしも要因であるとはかぎりません。必ず包括的に客観的な評価を実施し，それぞれの困難の要因に応じた支援内容を検討することが必須となります。

　学習に影響するおもな発達特性としては以下のようなものがあります。不注意，多動・衝動性といったADHD（注意欠如・多動症：本書p156参照）の要素は学習に影響します。不注意や多動・衝動性が要因となる具体的なつまずきの状態を表3-1-1にまとめます。ASD（自閉スペクトラム症：本書p146参照）は，社会性やコミュニケーションに困難があり，常同的な行動やこだわり，興味の偏りを基本症状としますが，これらの特性も学習に影響する場合があります。具体的なつまずきの状態を表3-1-2にまとめます。DCD（発達性協調運動症）では，体全体を使った運動（粗大運動）や手や指を使った運動（微細運動）がとても苦手で，書く・描く活動でつまずきが出やすくなります。

　効果的な支援を行うためには，学力・学業的技能・認知機能および発達特性の関係性について理解しておくことが必要です。

2．学業的技能の問題

　学習のつまずきに対する効果的な支援を検討するためには，まず学習のつまずきがどの学業的技能で起こっているのかを整理することが必要です。その上で，どのような認知機能や発達特性がおもな要因となっているかを予想し，その要因に応じた支援を行います。学業的技能とその背景にある認知機能と発達特性については，次項にまとめます。

3．思春期における学習支援について

　学習における支援を考える際に，苦手な学習の積み直しを行うことで生徒の持つ能力を伸ばそうとする，いわゆる「ボトムアップ」での取り組みを考えがちです。しかし，中学生以降では，小学校時代に比べて学習内容が難解になるだけでなく，授業速度が速くなり求められる学習の量も増大します。積み直しのために，全ての教科を特別な場（通級・通室）で子どもの特性に応じて個別に学ぶことは無理があるでしょう。

　そのため，学習支援は，生徒のいま持ち得る力を余すことなく活用することを目指す「トップダウン」の取り組みを中心に考える必要があります。卒業後を見通して，社会生活において必要とされる力が何かを踏まえ，ICT機器などの利用も検討しながら，子どもに合った学習方略や，理解や表現する力を身につけることが目標となります。

　また，中学生・高校生は「周囲が気づき配慮を受ける」段階から「自ら配慮を求める」段階に移行する時期でもあるため，生徒自身が自分の特性に気づき，代替手段や合理的配慮を求めることができるスキルを身につけることも重要です。

表3-1-1　不注意や多動・衝動性が要因となる学習のつまずき

・くり返し読む・書くなど，継続した努力が必要な課題を避ける

・黒板や教科書などの内容に注意を向けることができず，別のことを考えてしまう

・単純な間違いが多く，見直しができない

・板書や教科書，プリントなどの教材の細部を見過ごしたり，教師の指示や説明を聞き逃したりして作業が不正確になる，または遅れる

・ノートが乱雑で後で読み返しても読み取れない

・頭の中で情報を整理したり連続して思考したりすることが必要な，数学や読解問題などが苦手

表3-1-2　常同的な行動やこだわり，興味の偏りが要因となる学習のつまずき

・自分が間違っていることや失敗してしまったことを受け入れることができず，間違いを修正できない，次の問題に進めない

・指示や指導に従おうとせず，自分なりのやり方に固執してしまう

・感覚刺激に対する過敏さまたは鈍感さがみられることが多く，学習に必要な情報の取り込みがうまくいかない

・新しい単元に進んだ際，新奇なやり方や初めての教具の操作に慣れるまでに時間がかかる

・学習内容によって興味の偏りが大きい

・文脈や他者の視点を理解することが難しく，物語文の読み取りが苦手

・テーマや書くべき内容が明示されていない，または抽象的な作文やレポートを書くのが苦手

学業的技能とその背景にある認知機能と発達特性

1．聞く

聞くことの困難には「雑音があると聞き取りにくい」「新しい言葉をなかなか覚えられない」「話合いや会話に参加しにくい」「授業中や会話中の聞き返しが多い」などがあります。

聞くに関連する認知機能には，聴覚的注意，音韻意識，聴覚的短期記憶，ワーキングメモリーなどがあり，語彙や統語などの言語に関係する能力とも影響し合っています。

例えば，授業中に先生の話を聞くためには，様々な音の中から，聞きたい情報に注意を向け（聴覚的注意），単語などの音について分析し（音韻意識），一時的に記憶したり（聴覚的短期記憶），記憶しながら同時に別の処理を行ったり（ワーキングメモリー）する必要があります。さらに，聞いた内容を理解するためには，聞いた言葉を多面的に理解し（語彙），文法を理解して文としての意味を理解していきます（統語）。

2．話す

話すことの困難には「文にならず，単語で質問に応じる」「話したい内容をまとめて伝えられない」「話題が転々とする」「自分ばかり一方的に話してしまう」などがあります。

話す力と聞く力は密接な関係にあり，必要とされる認知機能にも同じものが含まれ，聞く力を基礎にして，話す力にも重要な語彙や統語などの言語能力が育っていきます。

また，話すことには，発音の機能の発達と，意欲・自信などの心理的側面も影響します。とくに思春期の生徒は人前で話すことに不安を感じたり恥ずかしいと思ったりする場合もあります。

SLDでは音韻意識の弱さから，音の違いを聞き分けられずに「誤って聞いた単語を覚えて使ってしまう」「新しい単語をなかなか覚えられない」などの特徴が出やすくなります。聞く・話す力の弱さは，SLD，ADHD，ASDのいずれでも起こる可能性があります。

3．読む

読むことの困難には「すらすら読めない」「読み飛ばしや勝手読みがある」「文字が動いたり，ゆがんだりして見える」「読んだ内容を理解するのが難しい」などがあります。

読みの活動の処理は，文字の形態を目から正確に取り込むことから始まり，文字レベル，単語レベルの音や意味への変換，文や文章の意味理解（読解）へと移行していきます。

この際，文字の視覚情報の取り込みがうまくできず，読みがスムーズに行えないことがあります。視力とともに，眼球運動・視覚的注意などの視覚に関する問題（奥村，2010）や，アーレンシンドローム（アーレン，2013）などの感覚的な問題も，確認しておく必要があります。

また，読みプロセスの中で，文字を音に変換することをデコーディングといいます。こ

れに続く文や文章の意味理解の段階では，まず単語の意味や文法的な知識を使って文レベルの処理を行い，言語や文脈理解といった文章レベルの処理へと進んでいきます。最終的な文章の処理レベルでは，文の意味をつなぎ合わせて処理するだけではなく，文章内に示されていないことについて推論を使って理解する処理も行われます（Yuill, 1991）。

4．書く

　書くことの困難には「漢字を書くときに思い出せない」「書いた文字の形が整わない」「黒板を書き写すのが苦手」「書くのが遅い」などがあります。

　読みと同様に，書きにおいても音から文字に変換する処理のプロセスがあり，エンコーディングといいます。この処理に続いて，文字の形を想起するプロセスや運筆に必要な手や指の運動をプログラムするプロセスが続きます（小池，2003；岩田，2007）。文字の形を覚えたり思い出したりするプロセスには，視知覚や視覚認知の処理が大きくかかわっています。また，運筆には手や指の運動機能や目と手の協応が関わっており，発達性協調運動症などの不器用さがある場合，運筆の苦手さから困難が表れる可能性があります。

5．計算

　計算の困難には「計算が遅い」「計算をするときに指を使わないと分からない」「九九が覚えられない」「筆算が苦手」などがあります。計算するためには，数の概念，ワーキングメモリー，聴覚認知，視覚認知などの発達が基礎となります。数の概念には，①量とその性質を表す「基数性」と，②順番を表す「序数性」の2つの側面があり，基数性には脳の同時処理過程が，序数性には脳の継次処理過程が関わっていると考えられています。

　筆算が弱い場合，注意の問題や継次処理の弱さから計算の手順が覚えられないことが要因となることがあります。また，視覚認知の弱さから位の理解が弱い可能性もあります。暗算が弱い場合，聴覚記憶やワーキングメモリーの弱さが影響している可能性があります。

6．推論

　推論（数的推論）の困難には，数学の文章題のつまずきが含まれます。文章題を解くには，①問題文を読む，②問題文の意味を理解する，③数の動きをイメージ化するという3つのプロセスが必要です。①と②には，さきに解説した「読む」ための認知機能が必要となり，③には，数の概念，視覚認知などが必要となります。さらにADHDやASDの特性によって，いくつかの情報を頭に置いて次の手順に進むことや数の動きを考えて式を選ぶことが難しい場合があります。また，推論には「量と測定」「図形」分野も含まれます。この領域には，視覚認知や目と手の協応，協調運動が関係します。発達性協調運動症がつまずきの背景にある場合もあります。

聞く・話すにおける学習困難の背景と支援例

このような生徒に

　授業などの集団場面では，周囲の友人の行動が目に入ったり会話などの雑音が聞こえたりと，様々な視覚刺激や聴覚刺激が混在します。その中で，必要な情報に注目することが難しい場合，要因として視覚的注意や聴覚的注意の弱さが考えられます。

　また，聞いた内容をすぐに忘れてしまう場合，聴覚的短期記憶や聴覚情報を一時的に保持しつつ同時に別の処理を行う力である聴覚的ワーキングメモリーの弱さがおもな要因と考えられます。内容の理解にも問題がある場合は，聴覚的ワーキングメモリーに加え，音韻認識力の弱さや語彙の少なさ，助詞や接続詞など統語の理解の弱さなどが挙げられます。

集団の中で話を聞き取ることが難しい子への支援

・席の配置……前方にする，いろいろな情報が視界に入る後方や窓際を避ける。

・黒板周辺……目に入る位置に不要な掲示物を貼らない，もしくはカーテンなどで授業中に見えないように掲示物を隠す。

・教師が話をするとき……指示を出す前に，教師の方に生徒の顔が向いているかを確認する。視線が逸れている場合には名前を呼び注目を促す。

聞いた内容をすぐに忘れてしまう子への支援

・見て確認できるツールを併用……複数の内容を含む指示や，手順が複雑である活動の説明を行う際には，リストや手順表（イラスト等を入れるとより有用）などを活用する。

・メモの活用……省略や記号化など効率のよいメモの取り方のモデルを示し，自分でメモを取ることができるようにする。

・ICTの活用……ICレコーダーやタブレット端末等での，録音や音声入力による記録を許可する。

聞いた内容が理解しにくい子への支援

・似た音を聞き誤った場合……口頭で修正せず，文字で示し，視覚的にどの音がどのように誤っているのかを示す。

・わからない言葉があった場合……質問することや，辞書やタブレットなどで意味を調べたり画像を見たりすることを習慣付ける。

・新しい活動内容を示す場合……手順表には，補助となる図や画像も示したり，実際にやり方を見せて示す。

・「〜を〜に」など助詞の関係性がわかりにくい場合……絵や図を使って矢印などで関係性を示す。

このような生徒に

　説明が上手にできないという場合，第一の要因として語彙の少なさが考えられますが，理解語彙が年齢相応であっても，言葉を組み合わせて文を構成することに弱さがあると，「何をどう言えばよいのかわからない」という状態になることが多くみられます。「どう？」「どうして？」のように答えの自由度の高い質問では，困難さがより顕著となります。

話していることの内容が伝わりにくい子への支援

・質問するとき……生徒が答えにくそうな場合には「質問の段階」のレベルを下げて聞く。

質問の段階

簡単↑　↓難しい	①　「はい」「いいえ」で，答えられる質問 　　例）今日，朝ごはんにパンを食べた？ ②　答えを選択肢から選ぶ質問 　　例）朝食は，ご飯だった？　それともパンだった？ ③　答えがある程度限定される質問「どこ」「だれ」「いつ」など 　　例）今日は，誰が休みだった？　いつ旅行に行った？ ④　答えが限定されない質問 　　例）旅行はどうだった？　このあと，どうする？

・発表など……「いつ・どこで・誰が・誰と・何を・どうした」などを意識できるように，ワークシートに事前にまとめてから発表する。写真を見ながら行うと，出来事を思い出す手がかりになり，よりまとめやすい。

発表のワークシートの例

旅行のことについて発表します。まずは，下のシートにまとめてみよう。

いつ	
どこで	
だれが	
だれと	
なにを	
どうした	
どう思った（気持ち）	
その他	

＜気持ちのことば＞
おもしろかった・楽しかった・うれしかった・どきどきした
おいしかった・また（次は）〜したい・興味深かった
疲れた・大変だった・悲しかった・おいしくなかった

読む・書くにおける学習困難と支援例

このような生徒に

　文字の形態を認識し記憶することには視覚認知能力や視覚的記憶力も関与しますが，読みの困難のおもな要因としては，音韻認識力の弱さがあることが広く認知されています。語彙が少ないと，読むときに言葉のまとまり（単語）を捉えることが難しいことに加え，漢字の読みにも困難が生じます（単語を知らないと漢字の読み方もわからないため）。

　抽象的な語が増大する中学校以降の学習では，より高い語彙力が必要になります。読みの困難さは複数の要因が重複することも多いため，より的確な評価が必要となります。

スムーズに読むための支援

・**音読にこだわらない**……何度も繰り返し音読するといった積極的な音読練習は避ける。「完璧に読めること」ではなく，「黙読して内容を正しく理解する・考える」という点に重きを置く。

・**読みやすさを支える**……文節ごとに線を引いて区切る，漢字に振りがなをつける，ひらがな単語にマーキングしておく，スリットシートを用いて読む行を認識しやすくするなど。

・**テストの配慮**……時間延長や代読による受験を認める。

・**電子教科書の活用**……読み上げ機能（マルチメディア DAISY や Access Reading など）を利用する。新しい単元に入る際には事前に内容を聞いて理解しておく。

・**OCR（文字認識）アプリの利用**……カメラやスキャナで文章を読み取り，タブレットやスマートフォンの読み上げ機能を利用して聞いて理解する。

・**辞書や辞書アプリ（明鏡国語辞典総ふりがな版など）**……読めない漢字があったときに，読み方や意味を調べる習慣をつける。

漢字熟語を調べるには手書き入力アプリを活用

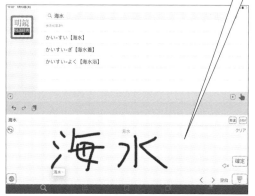

辞書アプリで読み方を調べる
（辞書アプリDONGRIで明鏡国語辞典を使用した例）

スリットを使った支援

このような生徒に

読解の困難……文意理解の困難には，語彙やワーキングメモリー，助詞や可逆文の理解などの統語理解力，前後の文脈から意味や状況を推論する力など，様々な要因が重複していることが多くみられます。そのため，包括的な評価を行うことが重要です。

読んだ内容を理解するための支援

・図や絵に変換してみる……簡略図を書く際には，まず大人が書き方のモデルを示す。

・「読解の解き方シート」……読み解くための方略を習慣づける。

1．問題を読みましょう	＊質問のことば（疑問詞）に□を書きましょう。
2．本文を読みましょう	＊問題の答えになる部分に線を引きましょう。
3．答えを書きましょう	＊答えを読み直し，文字の間違いがないかチェックしましょう。

・短い文から始める……学年相当の長文ではなく，本文が4〜5行レベル，設問が4〜5問の課題から取り組む。解き方の手順や内容理解の確実性が定着したら文章量を増やしていく。

このような生徒に

書字の困難……文を書くときに字が思い出せない要因として，視知覚や視覚認知，視覚的ワーキングメモリー，エンコーディングの弱さが考えられます。漢字は仮名に比べてより複雑な形態となるため，細部に注目するための視覚的注意力の弱さも要因となります。

　書字の困難には，視知覚や視覚認知の処理能力も影響しますが，巧緻動作の運動機能や目と手の協応の弱さが主たる要因と考えられます。

書く時に文字の形を思い出せないことへの支援

・ひらがな表やカタカナ表……文字が浮かばない場合に見て確認できるようにする。

・辞書アプリや電子辞書……漢字がわからない場合に用いて調べる習慣をつける。

・音声入力機能……ワープロソフトやタブレットやスマートフォンの機能を利用する。

文字の形が拙劣になることへの支援

・量を軽減する……課題における書字の量を減らす。

・文字の許容……形態の過度な修正を求めず，他者が見て読めるかどうかを基準とする。

・道具の工夫……鉛筆にグリップを付ける。枠や線のある記入スペースが大きい用紙。

・手書きにこだわらない……パソコンやタブレットを用いて文章を作成する。

・代替手段……書き写しが必要な場合，代筆をお願いする。または，タブレット等を使って撮影し，必要に応じて画像に入力し，科目ごとにアルバムを作成する。

数学・推論における学習困難と支援例

このような生徒に

　中学校以降の計算は，四則演算がスムーズに解けることが前提となっているだけでなく，連立方程式のように，手続きがより複雑になるため，困難が増大しやすくなります。

　計算の困難には，数量概念やワーキングメモリー，聴覚認知や視覚認知の弱さがあると考えられます。繰り上がりや繰り下がりのある筆算やわり算の筆算などが困難な場合は，複数の手続きが介在するため，手順を確実に覚えられていない場合も考えられます。

計算の支援例

・**電卓を用いる**……手続きが複雑な計算スキルを学ぶ際は，電卓などを用いて，四則計算など処理の負担を軽減し，手続きを学ぶことに重きを置く。

・**手順を見て確認できるようにする**……解答までの手続きを示した「計算取り組み方シート」を作成して，いつでも見られるようにする。

・**問題数を減らす**……少ない量を確実に解けることを優先する。

計算取り組み方シートの例

方程式の解き方

例：$\overset{\text{左}}{\overbrace{3x-1}} = \overset{\text{右}}{\overbrace{x+5}}$

① 等号の右に x がある場合，左に移項させます。

　＊移項するときに，「＋は－」に「－は＋」に変えましょう。

　　例：$3x-1-\underset{\uparrow 右から移項させた x}{\underset{\sim}{x}} = 5$

② x の前の数字の計算（たす・ひく）をする。

　　例：$\underset{\uparrow 「3x」の「3」から「(1)x」の「1」をひく}{\underline{2x} -1} = 5$

③ 左の数字を右に移動させます。

　＊移項するときに，「＋は－」に「－は＋」に変えましょう。

　　例：$2x = 5\underset{\uparrow 左から移項させた 1}{\underline{+1}}$

④ 右の数字を計算します。

　　例：$2x = 6$

⑤ 右の数字を x の前の数字でわります。

　　例：$2x = \underset{\uparrow この数を x の前の数（「2」）でわります}{\underline{6}}$

⑥ 「$x = \bigcirc$」になったら，〇の数が答えです。

　　例：$x = 3$　　答え（ $x = 3$ ）

このような生徒に

　文章題を解くためには，おおまかではありますが，①文章を読む力，②文章を理解する力，③数の動きをイメージする力，④関係にあてはまる演算子をプランニングする力（適切な演算を選ぶ力），⑤立式したものを実行，計算するスキルが必要となります。

　中学校以降の数学では，複数の演算子を用いることがほとんどであり，解答にいたるためのステップも多くなり，ワーキングメモリーの負荷も大きくなります。

文章題の支援例

・**方略付きのガイドシート**……シートに沿って，解き方の手順や内容を図や絵に変換して考える方略を練習する。解き方のための留意事項があれば補足して書きこんでおく。

【問題】
りんご5個とみかん2個を買った。代金の合計は500円だった。
りんご1個の値段はみかん1個より30円高い。みかん1個はいくらか？

① 問題を読もう。

② わからない ことばは ありませんか？

> なし

③ 何を 聞かれていますか？

> みかん1個の値段

④ わかっていることはなんですか？

> りんごが5個，みかんが2個
>
> 代金の合計は500円
>
> りんご1個の値段はみかん1個より30円高い

⑤ 絵を かいてみよう。

> ルール：方程式では，聞かれているものをxと書きます。
>
> 　　　　聞かれているものは？　→　（　みかん　）の値段 ← これがxになる

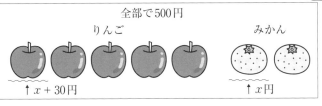

全部で500円
りんご　　　　　　　　　　みかん
↑$x+30$円　　　　　　　↑x円

⑥ 式を 書きましょう。　　　　　　　　　　　　　　　＊例のため

りんご5個の値段	＋	みかん2個の値段	＝	500円	計算過程
5（x＋30）	＋	2x	＝	500	は省略

⑦ 答えを 書きましょう。

> x＝50　みかん1個は　50円

ASD の生徒の学校生活での困難と課題

1．ASDの概念と学校生活における困難さ

　自閉スペクトラム症（Autism Spectrum Disorder：ASD）は，対人関係やコミュニケーションの質的異常と興味の限局や行動のパターン化傾向を特徴とする発達障害です。以前は「広汎性発達障害」と呼ばれ，「自閉症」や「アスペルガー症候群」などの下位分類がありましたが，米国精神医学会の「精神疾患の診断・統計マニュアル第5版」（DSM-Ⅴ，2014）では，下位分類のない「自閉スペクトラム症」という単一の診断名にまとめられています。典型的なケースでは2歳頃から診断が可能ですが，知的な遅れがなく，特性が目立ちにくい場合は，就学後に集団生活で支障をきたしてから初めて明らかになることがあります。

　ASDの子どもにとって学校生活には多くの困難が伴います。対人関係やコミュニケーションが苦手であるため，授業中の先生の教示が理解しにくい，休み時間などにおけるクラスメイトとの雑談がうまくできないなどの問題が生じることがしばしばあります。ちょっとした意思疎通の行き違いからトラブルになることもあります。また，興味が偏っているために，同年代の人たちが楽しいと思っていることにどうしても馴染めない，予想外のハプニングに順応することが難しいなどの理由で，集団生活に溶け込めないこともよく経験します。

　国内外を問わず，通常学級に在籍するASDの子どもが不登校あるいは学校に行きたくないという言動を示す割合が，定型発達の子どもよりはるかに多いことが示されています。真のインクルーシブ教育を実現するためには，ASDの子どもたちにとって居心地がよく学びやすい環境を学校内に保障することが喫緊の課題といえます。

2．ASDには特有の思春期の状態がある

　ASDの生徒たちは，対人認知と興味の領域において定型発達とは異なる発達の道筋をたどります。また，聴覚・視覚・触覚・嗅覚・温痛覚などの感覚のいずれかにおいて，通常とは異なる敏感さや鈍感さが認められる場合があります。

　対人認知においては，ASDでは他者の心理状態を推察する力（マインドリーディング）が苦手であることが指摘されています。実際，学童期までは，他児の気持ちを汲まない言動や状況判断のミスによる失敗が目立つことが多いのです。しかし，思春期になると，他者の心理状態や状況を察しようとするケースが多くなります。とはいえ，他の生徒のように直観的に他者の気持ちを察することは難しいため，的外れな気配りをして，かえって相手との関係が気まずくなることがあります。なかには，対人的な失敗を避けるために自己主張することが大幅に減り，黙って笑顔をつくってその場をやり過ごすような対処方法を

身につける場合もあります。この場合，その場ではトラブルを回避できますが，気疲ればかりが蓄積してしまいます。

興味の領域では，自分なりの秩序を好み，それが崩されることに多大な不快感を覚えます。学童期前半まではマイペースと周囲から見られていても，成長とともに社会のルールを学ぶと，むしろルールを律儀に守ることにこだわるようになるケースが多いのです。定型発達の思春期では，大人のつくったルールをあえて破るなどの行動が増え，しかもそのような行動を一緒にとることの連帯感を共有するようになります。ASDの生徒たちの多くは，このような一般的な思春期心性に馴染めずに，同世代の仲間づくりがうまくいかないことがしばしばあります。

ASDの生徒は，興味のあることには極度に熱中する反面，興味のないことにはどうしても気持ちが向きません。学校の活動の何かひとつでも興味が持てればよいのですが，授業・部活・委員会活動・友人関係などのいずれにも興味が持てないまま思春期を迎えると，登校意欲が著しく低下することがあります。そのようなケースの一部がゲームやインターネットに没頭し，それ以外に何も楽しみがない状態になってしまうことが知られています。

3．最も重要なのは二次的な問題の予防と対応

同世代の他生徒との対人関係やコミュニケーションが希薄になりがちで孤立しやすいことから，通常ならこの時期に多くの経験を積むはずの「他者に相談する」という経験がASDの生徒では乏しくなりがちです。また，自分が興味を惹かれる活動がほとんど保障されない環境にいると，疎外感を覚えるとともに，自分の存在価値に疑念を抱くようになることすらあります。このような状態は意欲や自己肯定感の低下の要因となりやすく，うつや不安などの二次的な精神的不調が出現するリスクとなります。これらの予防や対応は，ASDの特性に周囲が気づきさえすれば可能です。だからこそ，ASDの特性に関する知識を持っておくことは，いまやすべての教員や大人にとって必須なのです。

ASDの生徒にとって理解しやすい情報伝達方法を工夫すること，興味をもって意欲的に取り組める活動を保障すること，思春期の真っ只中にいる定型発達の他生徒と馴染めないことを否定しないこと，教師やスクールカウンセラーなど大人の相談相手を確保することなどを，生活のあらゆる場面で配慮することが求められます。通常学級だけでなく，通級指導教室や特別支援教室などの場も活用しながら，これらの配慮を包括的な学校生活のなかで保障していく必要があります。

なお，二次的な精神的不調が生じている場合には，児童精神科や精神科への受診も検討し，医学的な助言を得ながら支援を進めていく必要があります。

思春期における重複障害の理解と支援

このような生徒に

　ASDでみられる重複障害には，他の発達障害・知的障害の重複と発達障害以外の精神障害との重複があります。前者は生来性であり，後者の多くは二次的な問題として学童期後半以降に顕著になってきます。実際には何らかの重複がある生徒の方が多いと思っておくべきでしょう。支援にあたっては，常に複数の発達障害および二次的な問題の有無とその程度についてアセスメントしておく必要があります。

発達障害の重複に対するアセスメントと支援

　①ASDだけであれば得意なことが多い領域でも，他の発達障害が重複することによってそれほど得意でなくなる場合があります。たとえばASDの生徒では一般に口頭指示よりも視覚的情報の提示の方が有効ですが，SLD（限局性学習症）の読字障害を重複している場合には文字以外の視覚的情報を用いるなどの工夫が必要です。

　②ASDの生徒は興味のあることに没頭することが多いのですが，ADHDを重複すると好きなことでもときどき注意散漫になる場合があるため，ペース配分に留意する必要があります。いくつもの手順を継次的に行うようなスケジュールだと途中で注意が途切れてしまうので，1つ1つの活動を手短に済ませられ，どのような順番で進めてもかまわないようなスケジュール構成にするなどの工夫が考えられます。

　重要：他の発達障害・知的障害との重複に対しては，子どもの好きなこと，得意なこと，好まないこと，苦手なことについて，丁寧にアセスメントを行います。

ASD は視覚支援が有効だというけれど…

本時のねらい
① ---------
② ---------

ASD の
典型タイプの
A さん

文字カードが有効

文字は苦手

読み書き障害を
重複する
B さん

イラストカードが有効

MSPA（発達障害の特性別評価法）

　複数の発達障害の重複を前提としたアセスメントとして，MSPA（エムスパ：発達障害の特性別評価法）などが知られています（船曳，2018）。MSPA では，ASD，ADHD，SLD，発達性協調運動症の特性を含めた14の軸をつくり，それぞれどの程度の配慮を要するのかを評価します（使用するには講習を受ける必要があります）。

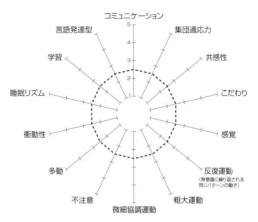

MSPA のレーダーチャート

発達障害以外の精神障害との重複に対するアセスメントと支援

　①うつや不安などの二次的な問題に対しては，それらの要因となるようなストレスが生活の中に認められないかどうか，あるいは過去のつらい体験を頻繁に思い出したりしていないかどうかを丁寧に検討します。

　②二次的な問題があると，学校にいるだけで緊張し，気をつかってきわめて疲れやすくなることが多いので，たとえ笑顔で楽しそうに振る舞っていても実際には帰宅すると寝込んでしまうことや，翌朝には登校する気力がなくなってしまうこともあります。「頑張ればできる」などといたずらに言って，活動への参加を促すのは禁物です。かといって関わらずにいると「先生に見放されたのではないか」と不安になることもあります。本人が負担感や緊張感を覚えずにすむ程度の声かけをしながら，疲れたらいつでも休息をとれることを保証します。保健室など，一人になれる静かなスペースを用意しておき，本人が疲れを感じたときにはそこで過ごせるようにしておくとよいでしょう。

思春期における ASD の生徒への中心的指導

このような生徒に

　思春期における ASD の最も中心的な指導とは，理想的には「何も指導しない」ことです。いかにそこに近づくかが教師の目標といえるかもしれません。

　ただし，「指導しない」ことと「放置する」こととは大きく異なります。「指導しない」というのは，何か行動するかどうかの決定について，教師（大人）が生徒の肩代わりをしないということです。

生徒に決定させる

　①生徒自身が決定するためには，判断材料となる情報が必要です。そのような情報については，必要かつ十分に教師は生徒に提供しなければなりません。このような取組みは，日常の教科学習や行事等への参加のしかたの相談だけでなく，進路相談などにおいても基本的には同じです。

　②ASD の生徒に居心地がよく学びやすい環境とはどのようなものでしょうか。ASD の生徒にとって，情報を知ることや何かを学ぶことと対人関係をとることとは，別々の大きな課題です。対人関係に気をつかいながら何かを学び，かつ意思決定するというのは，とても負担が大きくなります。

　③同年代の生徒たちはルールを逸脱して秘密を共有したがりますが，思春期の ASD の生徒たちの多くは，むしろ一度守ると決めたルールは定型発達の生徒たちよりも律儀に守ります。したがって，思春期の ASD の生徒たちに何かを学ばせたり，情報を与えて意思決定を促したりするには，対人関係に気をつかわずに自分で判断して決定できるようにすることが最善です。

× 負担が大きい	○ 居心地よく学べる
対人関係や場の空気に気をつかいながら考えたり決めたりする	守ると決めたルールに則って自分で考えたり決めたりする
「みんなはどう思ってる？？？」 「ルール違反でも従う？？？」 「意見を言ったら雰囲気が変に……」	「本当はこうしたい！」 「これだけはしたくない！」 「周囲を気にしなくて大丈夫」

先回りせずに「支援つき試行錯誤」をサポートする

10代は経験の未熟な時期ですので，生徒が判断を誤ることや，途中で気持ちが変わることもあるでしょう。その場合も，自分で考えて行動できている場合は，生徒は冷静に方向転換できます。大人の役割は，常に選択肢が他にもあることを情報として示しておくことくらいです。

重要：本人が悩んだときにタイミングよく相談相手になることは重要です。思春期のASDの生徒たちは同世代の相談相手が少ないため，大人が適宜相談に乗る必要があります。

このように，情報提供は十分にしつつも意思決定は本人に委ねること，そして必要に応じて相談の機会を保障するという考え方を，筆者は「支援つき試行錯誤」と呼んでいます。

生徒本人が決める	相談のチャンスを与える	方向転換も本人が選ぶ
・必要な情報を十分に与える ・対人関係に気を使わずに考えられる環境を保障する	・同世代への自発的な相談は難しい ・大人から声をかける	・複数の選択肢を示すことで見通しを与える ・解決策は本人が決める
「修学旅行で自由行動があるよ」 「○○さんはどうしたい？」	「困ったことない？」 「話を聞くよ」	「こういう考え方もあるよ」 「××なら手伝えるよ」

情報提供は十分に

①情報の提示の際には，個々の生徒が最も理解しやすい手法で伝える必要があります。その生徒が理解できる範囲の文字，単語，言い回しで，本人の注意が途切れない程度の量の情報を視覚的に提示します。

②情報提示する際には口頭での説明や雑談は少なめに，本人が情報に集中できるよう配慮します。本人から質問があれば，言い方などに問題があってもそれには丁寧に答えます。教師が感情的になると生徒が混乱するため，なるべく冷静に，穏やかな雰囲気で応じます。

知らせるべきことは？	どんなふうに伝える？	質問には？
・基本的なことから1つずつ確認（意外なことがわかっていない場合もある） ・複雑なことは選択肢の形で ・示されたこと以外にも選択肢があることを必ず確認	・短く，簡潔に ・生徒がわかる語彙，言い回しで ・口頭の説明に頼らず，視覚支援を有効に使って	生徒：「そうすることにどんな意味があるのですか？」 教師：「生意気だ」「馬鹿にされた」と受け止めず，たんたんと説明する

自分の特性を優位にしていく方法

このような生徒に

　成人期に大きく破綻することなく社会参加しているASDの人たちは，自分がやりたくないことや苦手なことをうまく避け，興味のあること，やりたいこと，得意なことの比重が大きいライフスタイルをうまく選んでいます。それがうまくいかないと，生活の中でストレスが増え，二次的な問題が出現し，ときに精神科で薬物治療が必要となります。

学校生活の中で，苦手とどう付き合うか，興味関心をどのように生かすか

　①ASDの生徒たちは，思春期にある程度，対人関係上の気配りができるようになることと裏腹に，周囲の同世代の人たちとの間に違和感を覚え，ときに対人行動において劣等感を抱きます。また，学校生活の中では自分の興味にピッタリとフィットする活動が少ないことから，社会参加への意欲が低下することも稀ではありません。

　②二次的な問題を防ぎ，本人が自分の特性をうまく生かした生活設計を考えることができるようにするためには，学校の社会集団の中で本人が居場所をみつけ，何らかの役割を果たしていることを感じることのできるような配慮が必要となります。

　③具体的には，苦手なことや気の進まないことをやるかやらないかは本人の判断を尊重する，本人が興味のあることや得意なことを題材やテーマにした活動を学校の中で保障し，その活動を通じてクラスや校内で何らかの役割を担っていることを本人が実感できるようにする，などの配慮が考えられます。

　重要：本人が将来にわたり自分で心の健康を維持できるよう，生活態度や活動の意思決定ができるようになることは，とても重要です。

学習は，自分に合った方法，自分のペースを選択する

　全生徒に同じ内容と量の宿題を一律に出すなどの対応は，ASDの生徒たちの疎外感を高め，意欲を著しく低下させる要因になります。共通の課題や宿題は極力避け，個々の生徒の理解力と興味に合わせた内容や工夫をしていただければと思います。

個に応じた授業の工夫	個に応じた課題の出し方
・通級指導教室との連携 ・ICTの活用 ・個別学習室などの活用	・課題の内容や量を選択式にする ・各自のペースで取り組めるように，取り組み期間等に幅を持たせる

自分の特性を将来にどう生かしていくか

　マイペースに学べることを保障するいっぽう，課外活動，ホームルーム，委員会活動，部活などの集団活動の中で，ASDの生徒が興味をもてるテーマや得意な領域を生かせる活動を取り入れて，そこに参加することで自信を保ち，役割意識や社会参加することの充実感を味わえる機会をつくれるよう配慮します。

　重要：本人が興味を持てることや得意なことを周囲が認めることは重要ですが，それを将来の進学や職業に活用するように周囲から本人に勧めてはいけません。好きなことや得意なことは，多くの場合，生活を豊かに彩る趣味などとして長く楽しむものです。それを仕事にするかどうかは，本人が自分で意思決定することです。

料理に興味があるAくん	読書好きのBさん	ダンサー志望のCさん
家庭科クラブに入部。 SNSにレシピを投稿。 家庭菜園で野菜作りも。	図書委員として篤い信頼。 感想文コンクールに挑戦。 漢字検定合格。	創作ダンスに夢中。 地元クラブで活動。 級友から密かな憧れ。

多くの生徒にとって，趣味として楽しむことと職業選択は，別の課題となる

思春期における ASD の生徒への教室での配慮

このような生徒に

　ASDの生徒たちは，生活環境と本人の特性とのマッチングがうまくいかないと，二次的な問題を生じやすくなります。学校の環境では，本人の興味を持てる活動が少なすぎる，本人への要求が高すぎるため負担感が強くなる，気が合う友達が少ないなどのミスマッチがしばしばみられます。ASDの生徒たちが安心して教室で過ごせるように環境を整えるためには，安心できる空間を用意すること，対人関係のトラブルをできるかぎり回避すること，本人が自律的に活動できるよう必要十分な情報を提示すること，興味を持てる活動を取り入れることなどの配慮があるとよいでしょう。

居場所の確保

　二次的な問題でうつや不安が生じている場合や，対人トラブルで感情のコントロールが難しくなっている場合，周囲に人がいない場所を生徒が必要に応じて校内で利用できるようにしておくことが必要になります。そのような場所で感情を整えると同時に，必要に応じて大人が相談に乗ることにより，自分で考えることと人に相談することをうまく両立して物事を解決していく力を身につけていくことができます。

> **一人になれる安心・安全な場を確保する**
>
> 〈場所〉保健室，相談室，図書室など。
> 〈人〉　生徒と相性のよい教師。養護教諭。スクールカウンセラー。用務主事など。

対人関係への配慮

　ASDの生徒がクラスの中で疎外されることや，ときにいじめの被害に遭うことがありますので，他のクラスメイトとの関係はよく把握しておいてください。授業中はよいのですが，休み時間などに他の生徒と雑談がうまくできないことや，一見生徒たちの輪に入っているようにみえて実はとても緊張していることがありますので，時々個別に面接して対人関係の悩みなどがないかどうかを把握しておく必要があります。

観察	アンケート	個別面接
・休み時間 ・給食，そうじ ・部活	「最近困っていることはありますか？」 「疲れていない？」	・1日1回教師が声をかける ・係の仕事に職員室へ立ち寄る用事を入れておく

情報の伝え方

　ASDの生徒に指示をするときは，つとめて具体的かつ明示的にするよう留意します。「もう少ししたら」「適当にやっておいて」などの曖昧な表現は避け，「10分後」などと可能なかぎり数値などで示します。教示されなかったことについて状況を察して行うことは苦手ですので，「そのくらい言われなくてもやるように」と叱ることは絶対にあってはなりません。予め教示しておく必要があったと理解し，次回の伝達に生かしてください。また，口頭のみの伝達では印象に残らないことや忘れてしまうこともあるため，メモを渡すなど本人の理解を促し記憶に留められるような視覚的情報提示の方法を工夫をしてください。

活動の選び方

　授業や行事の活動の計画を立てる際は，クラスにいるASDの生徒が興味を持てるテーマや題材をできるかぎり取り入れてください。「一人だけ特別扱いするなんて」と抵抗を覚えることがあるかもしれませんが，ASDの生徒にとっては，通常の学校での活動は常に「自分以外だけが特別扱いされて，自分にフィットした活動は全く採用してもらえない」という状況であることを，いつも忘れないようにしてほしいものです。

　通常のクラスだけではASDの特性に特化した本人にベストフィットの活動を保証することが難しい場合（その場合が圧倒的に多いのが現状ですが），通級指導教室・特別支援教室や特別支援学級の活用を併用するとよいでしょう。他の生徒とはどうしても相容れない興味に対応した活動を確保することや，悩んでいることを相談するための場として，通常のクラス以外の場を積極的に活用すべきです。

> フィットする活動がない生徒に

学級通信の
イラスト投稿
コーナーに
何か描いてくれない？

アニメ好きなＡさん

学級PRの
計画作り
手伝ってくれる？

PCが得意なＢさん

ADHD の生徒の困難と課題

　ADHDの生徒のイメージを一言で表すと，「秩序だった生活が難しい生徒」「おっちょこちょいな生徒」ということができます。ここでは，ADHD（注意欠如・多動症：Attention-Deficit Hyperactivity Disorder）の特徴である，①不注意，②実行機能とワーキングメモリーの問題，③多動と衝動性について，それぞれ説明します。

1．不注意

　不注意とは，注意力を適切にコントロールできていない状態のことです。注意力には"持続""分配""転換"の３つの側面があります。ADHDでは，このさまざまなレベルの注意力について課題があり，注意のコントロールが難しくなります。

　例えば，車を運転しているときのことを思い出してください。

---

①**持続**……運転している間はずっと前を見て，注意を集中し続けています。

②**分配**……運転中は前を向いて注意を持続するだけではなく，時々バックミラーやサイドミラーも見て，後ろや横にも注意をうまく"分配"しなければなりません。

③**転換**……運転中に変な焦げたにおいがしたら「もしかしたらエンジンかバッテリーが焼けたのかな？」と察して路肩に車を止めてボンネットを開けて調べなければなりません。視覚から嗅覚など別の知覚に注意を切り替えるといった"転換"も必要です。

　注意力の問題は，必要な情報を拾い出す困難にもつながります。例えば私語の多い授業では，他の生徒たちのおしゃべりの中から教師の声を聞き分けて注目することがむずかしくなり，授業内容が理解できなくなります。

　こうした注意力の問題は，入学時やクラスや学年が変わった４月など，環境が大きく変化するときにもっとも顕著になります。同じ環境がしばらく続くと，ある程度はパターンに慣れて対処しやすくなります。

2．実行機能とワーキング・メモリーの問題

　実行機能（遂行機能ともいう：executive function）とワーキング・メモリー（作業記憶ともいう：working memory）は，脳のメモ帳ともいうべき機能のことです。

　例えば，パソコンを使って作業するシーンを思い描いてください。このとき，ハードディスクやUSBに保存されている情報は「記憶」であり，そこからWordやExcelなどのソフトを呼び出して，それをうまく使って作業することが「実行機能」にあたります。作業実行中に扱う情報が「ワーキング・メモリー」です。大脳の前頭葉が，その機能を担ってい

ます。

ADHDは，この実行機能やワーキング・メモリーに弱さがあり，それが不注意や衝動性と相まって，日常生活で何かの問題に出合ったときに，計画を立て順序よく解決したり生活したりすることを難しくしていると考えられます。

3．多動と衝動性

ADHDというと落ち着きのなさをイメージする人が多いと思いますが，そもそも子どもというのは多動なものです。5歳くらいの就学前の子どもを見てください。何か夢中になっていると車が来ても気づかずに突進してしまったり，水溜りがあればわざわざ入ったり，棒が落ちていれば拾って振り回したりします。小学校入学前までは，個人差はあれ特に男子は多動と衝動的な傾向があり，歳を経るにつれ徐々に落ち着いていきます。

ADHDの子どもは，就学後もこの傾向が長く続きます。中学生や高校生になると，子ども時代のように動き回ることは減ってきますが，授業中に突発的に何かを口走ってしまったり，廊下の非常ボタンを突然押して怒られたりするなど，形を変えて特性が残ります。

多動性や衝動性がおもな問題である場合，自分が悩むだけでなく，周囲を巻き込んでのトラブルに繋がりやすい傾向があります。トラブルによって学校生活が続けられず，高校を中退してしまうケースもみられます。

4．ADHDと二次障害

ADHDの中学生や高校生は，これまでに述べたような特性からミスをすることが多いために，教師や親から低く評価されたり，同級生にからかわれたりバカにされたりする体験を，幼い頃から多く持っています。自らもうまくいかないことに落ち込み，自己評価が低くなったり自己効力感を持てなくなったりしています。そんな姿を知られたくなくて，明るく振る舞ったり強がったりするなどして，心の内を隠している生徒も少なくありません。二次障害として，反抗挑戦性障害や素行障害にまで陥る生徒もいます。生徒が自尊心を持てるような教育が重要です。

芸能人や芸術家，棋士や起業家など，一芸に秀でた人の中にも，ADHD（あるいはその傾向が強い人）は多くみられます。能力に凸凹があり，日常の些事を知らなかったり服装に無頓着だったりして，変わり者と言われるような面をもちながら，好きなことなら疲れを知らずに継続できる人々です。

以上は極端な例かもしれませんが，人生はトレードオフ，何かに優れれば何かがうまくいかないのは人生の定めなのかもしれません。ADHDは特にそのような傾向の強い人が多いので，大らかな心で受け止めてください。

ADHDの生徒の日常生活

ADHDの生徒は，①不注意，②実行機能とワーキング・メモリーの問題，③多動と衝動性といった特性が相互に関係して，以下のような問題をよく生じます。

日常生活でよくみられる問題

友達との会話が続かないAさん

Aさんは大勢の友達と話している時に，話の流れについていけなくなることがよくある。とくに急に話し手が変わると，それまで何を話していたかがわからなくなってしまう。そのため，焦ってなんとかしようと，とりとめもない話を始めてしまい，話を脱線させてしまう。

また，一度しゃべり出すと止まらなくなったり，友達の話に割り込んで話し始めてしまうことがあり，友達や先輩から気が利かない人，非常識な人と思われている。

遅刻が多いBさん

Bさんは朝の支度に時間がかかる。友達から電話やLINEが入ると，それに気をとられてしまい食事や片づけ，洗顔やカバンの用意など，何をどこまでしたかわからなくなってしまい，混乱して初めからやり直すことになる。

また，学校に行く途中に大好きなネコがいると，つい追いかけて構ってしまい，授業に遅刻する。

落し物が多い，物を管理できないCくん

C君は年に５個もスマートフォンを失くしたことがある。そのためいまは常にヒモで首にかけている。

忘れ物も多いので，教科書は全部を大きなデイパックに入れて毎日持ち歩いており，肩コリに悩んでいる。

しばしばペットボトルの蓋を閉めずにカバンに入れてしまい，カバンの中がびしょ濡れになることもある。

順番を待てないDくん

D君は売店のレジの行列に並んで順番を待つことができない。行列に並ぶのがいやで，隙を見ては横入りしようとして，しばしばひんしゅくをかう。

我慢して待っている時は，体を揺らしたり，くねくねと動くなど落ち着かずに，友達に呆れられる。

事故が多いEくん

E君は考えずにぱっと行動することが多い。

先日は，目に入った廊下のボタンを押してしまい，非常ベルが突然鳴り響いて大騒ぎになった。怪我も多く，よそ見をしていて階段を踏み外したり，道路に飛び出して車にぶつかったりして7回も骨折している。

片づけが苦手なFさん

Fさんは物を捨てることができず，プリントや教科書，洋服などが部屋の隅に積みあがっていて，寝る場所にも困っている。

先日はパスポートが山に埋もれて見つからず，台湾への修学旅行に行けなかった。

感覚が過敏なGくん

G君は聴覚が過敏で通学途上の騒音に耐えきれず，いつもイヤーマフをして登校している。そのため友達から「おはよう！」と声をかけられても気づかずに無視してしまい仲間外れにされてしまった。

また触覚の過敏もあって学校指定の体育着の肌触りが苦手で着られない。それを知らない体育の先生に叱られてしまった。

③ ADHD の生徒の学校生活

学校生活でよくみられる問題

集中力が続かないHくん

H君は，興味がないと授業中でもボウッとしており，ノートを丸めたり鉛筆を回したり，じっと座っていられずに椅子から腰を上げたり下ろしたりして，「授業に集中しなさい」と先生に注意される。

課題が出ても，途中でほかのことを始めてしまい，最後まで終わらせることができない。

好きなゲームには何時間でも没頭でき，徹夜して翌朝に起きられずに遅刻することもしばしばあるため，親や教師からは，勉強に集中できないことを理解してもらえない。

不注意なミスの多いIくん

I君は，配られた教材のプリントをよく取り忘れる。また，同じものを2枚取ってしまい，ほかの生徒の分が足りなくなってしまうこともある。

試験問題では，ページを飛ばしてしまい，その部分が白紙回答になったり，"3269"を"3296"と問題を誤って読み取って答えてしまう。そのため，授業の内容は理解しているのに，試験では赤点を取ってしまう。

同時に複数のタスクをこなすのが苦手なJさん

Jさんは先生の話を聞きながらノートを取ることが苦手である。板書を書き写している間は先生の話を聞けないため，先生の話がどんどん進んでしまうと追いつけない。そのため，授業では何を学んでいるのかわからず，ノートも慌てて書いてしまうので，後から読んでも自分で書いた内容が理解できない。

まとめることが難しいKくん

K君のレポートは，細かい部分にまでこだわって，とてもよく調べてあり，1つ1つのテーマは面白い。しかし，結局のところ，何について書いてあるのかがよくわからない。全体を見通して構想したり主張をまとめることが，いつもむずかしい。

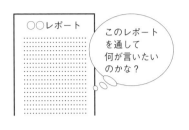

予定管理ができないLさん

Lさんは，スケジュールを組み立てたり，それを守ることができない。同じ時間に予定を2つ入れてしまい，失敗することが多い。

今年の夏休みは，毎年家族で帰省することが決まっているお盆の時期に集中して宿題を終わらせるように計画を立ててしまい，提出が間に合わなかった。

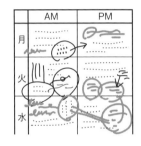

授業中の言動が落ち着かないMくん

M君は授業中，落ち着きがなくそわそわと足を揺らして床をコツコツとたたき，隣の生徒にうるさがられている。

また，答えがわかると衝動的にそれを叫んでしまい，周囲と教師にひんしゅくをかっている。

左右を間違うNさん

Nさんは左右を区別するのが苦手である。体育の授業では，「左向け左」の号令で右を向いてしまい，クラスの注目を集めてしまった。先日は，「右に走って」の指示に左向きに走り出して，クラスメイトと正面衝突してしまった。それからは恥ずかしくて体育の日は休んでいる。

ADHD の支援の基本姿勢

1．特性を減らすより，特性を生かす工夫をする

　これまでに紹介したADHDの特性の中には，自分や生徒に当てはまると感じるものも多いのではないでしょうか。しかし，整理整頓が苦手でも，必要な物をさっと出せるなら障害があるとは言えません。筆者は強度の近視で，視力は0.1以下です。仮に眼鏡がなければ診療や通勤など社会生活を行うことは困難でしょう。このように誰でも特性や弱点を持っています。ADHDも個人の特性の一つに過ぎません。

　右の「発達障害のイメージ図」をみてください。左端が発達障害の特性がほとんどみられない人，右端は発達障害の典型的な特性がみられる人を表しています。誰でも0から100までの間のどこかにいます。

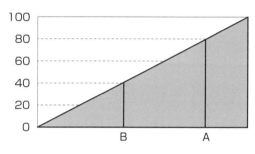

発達障害度のイメージ図

　学校や社会では，ここに線を引いて健常児と障害児を分けようとしますが，どこまでの人を発達障害とするかの線引き，すなわち"障害"というラベリングは極めて恣意的なものにすぎません。

　例えば，Bのように発達障害度40に線を引いてしまうと，その右側の大きな範囲の人が"障害"とされますが，Aのように発達障害度80に線を引けば，"障害"とされるのはごくわずかな範囲になります。

　重要なことは本人の特性に応じた対応によって，環境との支障を減らすことです。学校やクラスの環境に包容力があれば，境界線はBよりもAに近づきます。また，BとAの間にあるグレーゾーンの生徒は，障害特性は持ちながらも，それが表面に出て支障を来たすことはなく，学校生活をうまく送ることができます。特性をデメリットとみて矯正するよりも，生かして生活しやすくする姿勢が大切です。

2．自尊心を育てる

　ADHDの生徒との関係で最も難しいのは叱り方です。これを誤ると生徒との関係が悪化し，抑うつ状態や不登校などの二次障害につながることがあります。また，二次障害が長じて，やたらと大人に反抗したりかんしゃくをおこしたりするケースや（反抗挑戦性障害），喧嘩や暴力，物を壊す，家出や非行を繰り返すケースに陥ることもあります（素行障害）。

　とはいえ，いつも優しくしろとか，けっして叱るなというわけではありません。危険な行為には毅然とした強い態度で臨みますが，感情をぶつけて怒ったり，生徒の性格のせい

にして責めるのではなく，「いけない行為を叱る」ように心掛けます。また普段は褒めることを中心とし，どうしても必要な時に叱ると効果があります。

| 褒め方 |

①他の生徒に極端に迷惑をかけないことならば，できていない部分はいったん横においておき，その子の独自性，個性，特性のプラスの面に注目して優しく言葉をかけます。

②本人の特性は活用していく方がはるかに効果的です。役割を与えましょう。

③容易ではないことですが，何か一つ，生徒のよい点，誇れる点，得意なことをみつけて本人に伝えます。→リフレーミング（P165）を活用しましょう

④子どものよさを周囲や保護者にも伝え，共有していくのも教師の重要な役目です。

⑤生徒自身の自己評価や自己効力感が上がると，自信がつき，苦手なことにも前向きに取り組んでいこうとする意欲や行動が生まれます。

| 叱り方 |

①生徒を大きな声で怒鳴ったり威圧したりすることは，意味がないばかりか，逆効果です。ADHDの生徒は，強く言われると大きなダメージを受けやすい傾向があります。萎縮したり，反対にカッとして逆ギレしてしまうことが多くあります。

②叱る基準を一貫させること，みつけたその場で叱ることが大切です。時間がたってしまうと，生徒はなぜ叱られたのか，わからなくなってしまいます。

③長時間にわたる説論は集中力が続きません。生徒の注意が教師に向いていることを確かめたうえで，淡々と短く簡潔に叱ります。

④毎日のように叱られていると閾値が上がってしまい，「またか」となって効果がありません。ここぞというときに叱るからこそ効果があるのです。

3．卒業後を見通す

　学校教育は生きていくための手段であって目的ではありません。長い人生の中の，重要ですが，短い数年間に過ぎないのです。生徒が高校を卒業する18歳は，小児と成人の境目に当たります。日本の教育，医療，福祉の制度や支援機関は，18歳に大きな断絶があります。例えば小児科も児童相談所も18歳で原則として診察や相談は終了となり，成人の医療機関や支援機関を紹介することになりますが，発達障害の成人の支援機関や制度は未整備です。生徒が18歳の壁を越えられるようなネットワークを整備していくことが，高校卒業に向けての課題です。

ADHD の特性を生かす支援

このような生徒に

同じADHDでも，生徒一人一人が抱えている問題は異なります。たとえ問題が同じでも，Aさんに役に立った助言や解決法が，Bさんには役立たないこともしばしばあります。クラスの状況，担任する教師の性格や言い方などもさまざまです。具体的な支援策は，以下のような原則をふまえがらも，その生徒にあったオーダーメイドを考えます。

指示は具体的に

①期限（いつまで），範囲（どこまで），場所（どこに）を明確に伝える。

×昼までに先生に持ってきてね

○4時間目が終わったらこの箱を準備室へ届けてね

②優先順位を明確にして，大事なことから，1つずつゆっくり伝える。

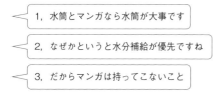

1，水筒とマンガなら水筒が大事です

2，なぜかというと水分補給が優先ですね

3，だからマンガは持ってこないこと

③同時に2つのことを求めない。1つずつ確実にやるように助言する。

どっち？

先にAをやってくださいその間，Bはあずかります

④重要な情報は，箇条書きにして整理された分かりやすい資料で伝える。

体育祭の進行
入場 •……
 •……
 •……
 •……

資料を見ながら確認していこう

役立つ道具は何でも使う

・落し物や忘れ物，遅刻を減らし，期限を守る。
（例：チェックリスト，スマホのスケジュール管理機能，ボイスメモ，付箋を貼る，アラームを鳴らすなど）

家を出る前に
・定期
・弁当
・カサ

リマインダー
今日が期限です

○○さんに返すもの

必要なら同級生の助けをかりる

・友達に理解してもらい，助けてもらえるとよい。

××の提出いつだっけ？

月曜だよー

ありがとう！

このような生徒に

　ADHDの生徒の学校生活でいちばん大切にしたいことは，「自分はこれでいいんだ」とか「これは苦手だけど，こっちは得意だ」とか「この分野なら役に立てる」などと，生きていくための自信をつけることです。欠点だと思っている自分の特性が，思わぬ長所になることもあると，生徒が気づけるように支援していきます。

[弱点をリフレーミング]

●多動でおちつかない　➡　エネルギッシュ！

　ウォルト・ディズニーはとても落ち着かない子でしたが，その自分をモデルにしてミッキーマウスというキャラクターを作りました。アニメーションという適職をみつけたあとは，それに没頭して，ついにはテーマパークまで作り上げます。こう考えると，ディズニーランドこそADHDの特性が開花した夢の国といえるでしょう。

●飽きっぽい　➡　新しいものを常に追い求める！

　次から次に手を出す姿は，飽きっぽいようにみえます。でも見方を変えれば，常に新しいことを追求する，興味の幅を大きく広げることにつながる行為といえます。うまくいけば，常人では思いつかない発想で，AとBをつなげて全く新しいアイデアを創造できるかもしれません。学校生活では，自分に向いていることに出合えないために，コロコロと対象が変わることもあります。でも下手な鉄砲も数撃ちゃ当たるです。エネルギーのある思春期に，次から次に，いろいろなことを経験してみることも大切です。意欲を削がないようにしましょう。

●授業に集中せず好きなことに熱中する　➡　疲れを知らずに続けられる！

　ゲームなど好きなことには熱中できても，授業は５分と持たない生徒がいます。ゲームばかりしていると親や先生は渋い顔をしますが，eスポーツやゲームで大金を稼げる時代です。また，ゲームに強いと他の生徒に尊敬されるなど，人間関係の基盤となっていることもあります。過集中と飽きっぽさは裏表です。苦手なことでも興味があれば長時間集中することもできて，空港保安所のレントゲンチェック，プログラムのバグ探しなどを天職とする人もいます。

●体育が苦手，不器用　➡　運動できなくても困ることはない！

　ADHDの中には，不器用で，運動・スポーツや体育，特に球技を苦手とする生徒も多くいます。思春期はスポーツができないと仲間からバカにされがちですが，20歳を超えれば90％の人は運動せずに過ごしています。

●話を聞かない　➡　自主的で自我が強い！

　しばしば人の話を聞かずに一方的に話して辟易されることがあります。見方を変えれば，受身的ではなく主体的で，自主性が強い，自我が強いということでもあります。頑固な側面ともいえますが，自分を押し通す強さは，人生を生き抜くうえで役に立ちます。

生徒一人一人に合った ICT 活用のために

個別最適化された学びの実現

　2021年4月から小中学校における一人一台端末環境下での学びが本格的にスタートし，ICT（Information and Communication Technology，情報通信技術）を活用した教育が，もはや "あたりまえの時代" に突入しました。「多様な子供たちを誰一人取り残すことのない公正に個別最適化された学び」（文部科学省）の実現には，ICT の活用が大きな鍵となるでしょう。各人が学びやすい学習スタイルに合った ICT 教材やツールの活用によって，生徒の学習上・生活上の困難さを軽減・改善することが可能となります。

合理的配慮

　2016年に障害者差別解消法が施行され，合理的配慮を提供する必要性が明確にされて以降は，授業やテストにおけるスマートフォンやタブレット端末の活用が学校で認められるケースが多くなりました。例えば定期考査では，読み書きが困難な生徒へ電子データ化したテスト用紙を配布し，別室で音声読み上げによる受験を行うなどのケースがみられます。ICT の活用はインクルーシブ教育システムの実現や合理的配慮を進めることに大きな役割を果たしています。

アセスメントへの活用

　最近では CBT（コンピューターを使った検査やアセスメント）の活用例も増えてきました。例えば，iPad を使った，学習に困難がある児童のアセスメントツールに，日本 LD 学会が開発した「LD-SKAIP（スカイプ）」があります。これは，学力のつまずきの状態と要因を明確にし，多様な検査結果から，個別の指導計画と教材選定，合理的配慮につながる的確な情報を得ることで，一貫した支援が可能となるというものです。

ICT 活用上のポイント

　教育に ICT を活用するうえで重要なのは，ICT ありきで考えるのではなく，「ICT は児童生徒の困難さをサポートし，学習意欲を高める際に使うツールの一つ」ととらえ，従来の教材と併用しながら有効に活用することです。

　そして，ICT の効果的な活用のためには，個々の生徒に合わせて，数多くあるツール（アプリケーション等）の中からどれを選ぶかということも大切なポイントになります。経済的負担が少なく，生徒自身が使いやすく，学習意欲向上につながるツールを選びたいものです。以下のサイト等も参考にしつつ，実際に使用して，本人に合うかを確認しながら活用しましょう。

　東京都障害者 IT 地域支援センター　https://www.tokyo-itcenter.com/
　国立特別支援教育総合研究所　支援教材ポータル　http://kyozai.nise.go.jp/

ICT 活用のポイント **生活編**

◆予定・時間の管理

予定の管理——スケジューラー機能／リマインダー機能

　忘れ物や遅刻が多い，行動の切り替えが苦手，計画を立てるのが苦手といった生徒には，予定管理アプリを活用するとよいでしょう。

　やるべきこと（宿題や課題）の管理には，カレンダーアプリと連携させて To Do リストを作るとよいでしょう。データをクラウドで生徒と共有管理すれば，提出期限の入力や課題の進捗状況の確認を家族や教員がサポートすることもできます。

　予定忘れや遅刻の予防に有効なのが，リマインダー機能です。これは，外出の 1 時間前になったら画面に通知が出るなど，予定や締め切りをアプリが事前に通知してくれるものです。「うっかり」の防止に役立ちます。

　文字入力が苦手な場合は，音声入力も使用することができます。

　ほかにも，予定を手書きで入力できるものや，掲示物やプリントを写真撮影したりボイスメモでカレンダーに保存できるアプリなどもあります。

時間の管理——タイマー／アラーム

　過集中しやすい生徒や気持ちの切り替えが苦手な生徒，時間感覚が持ちにくい生徒には，スマホ等のタイマー機能が活用できます。時間になったら音やバイブレーションで知らせてくれることで，気づいたら時間が過ぎていたということを防ぐことができます。

　また，色のついた面積が徐々に減っていくタイプのタイマーアプリを使用すると，時間を視覚的に理解することに役立ちます。「あとのどのくらい」が視覚的に見てとれることで，見通しが立ち，落ち着いて行動ができる場合があります。

　ほかにも，宿題を始める時間，食事の時間という具合に，アラームのチャイム音やメロディ音の設定を変えることで，気持ちの切り替えができる場合もあります。

　「アラームを止めた後に別のことを始めてしまい，結局遅刻してしまった」など気が散りやすい場合や，置き忘れが多い生徒の場合には，腕時計タイプで身につけるようにし，スヌーズ機能を利用してアラームが何度も鳴るようにする方法もあります。部屋のあちこちに時計をおいて目につきやすくする，大きな文字の掛け時計を使用するなど，本人に合う方法を利用しましょう。

ICT 活用のポイント **学習編**

◆読み書き支援

漢字の読み書きが苦手……辞書アプリやデジタルドリルの活用

　生徒の特性に合った学習アプリ（漢字・辞書・ドリル等）を選びます。例えば，書きたい漢字の読み方しかわからない場合は，かなを入力すると対応する漢字の候補が表示されるアプリを使用します。漢字を知っているけれど正確には書けないという場合は，手書き入力すると形の似ている漢字候補が表示されるアプリを使用します。

　ほかに，アニメーションで視覚的に書き順や細部を確認してなぞり書きができるタイプやクイズ形式のアプリなどもあります。これらを組み合わせて使うことで，読み書きの苦手意識の軽減につなげ，学習意欲を高めたいものです。

読むのが苦手……音声読み上げ機能の活用

　読みに困難がある場合は，音声読み上げ機能を使用すると便利です。教科学習では「デイジー教科書」（後述）などのデジタル教材の活用を検討します。紙のプリントや資料等はスキャナーで読み取り，OCR（光学文字認識）を利用してテキストデータ化すると，音声読み上げアプリを利用することができます。

　また，インターネットを使った調べ学習のときなどには，ブラウザや OS に標準搭載されている読み上げ音声合成機能を活用してもよいでしょう。

書くのが苦手……テキスト入力，録音，撮影，音声入力の活用

　書きに困難がある生徒の場合，文字を手書きすることにこだわらず，PC 等のキーボードやタッチパネルを使って文字を入力するのも一つの方法です。ノートアプリを使えば，文字だけでなく，線や図形の入力や画像添付も自由にできます。

　ノートをとるのに時間がかかる場合は，黒板を写真に撮る，先生の話を録音する，ボイスメモに自分で授業のまとめを録音するなどの方法もあります。

　なお，読字障害や書字表出障害のある生徒には，合理的配慮の観点から，授業やテストにおける音声読み上げや PC による入力などの検討も必要になるでしょう。

読みと理解をサポート……デジタル教科書の活用

●検定デジタル教科書

　指導者用デジタル教科書の普及が進んでいますが，さらに小学校では2024年度の教科書改訂を機に学習者用デジタル教科書の本格導入が見込まれています。各教科書発行者の仕様によりますが，音声読み上げや書き込み，辞書などの機能のほか，文字サイズや書体，

教材の背景色・文字色の変更が可能です。

　しかし，すべての障害のある児童生徒が使えるデジタル教科書を一つのシステムで実現することは難しいため，障害の特性に応じて，それらの教科書に代えて利用できる教科用特定図書があります（例：点字教科書，拡大教科書，音声教材等）。

●マルチメディアデイジー教科書（Digital Accessible Information System：DAISY）

　マルチメディアデイジー教科書は，電子書籍の国際標準規格をもつデジタル音声教材です。読みの困難を持つ児童生徒の読みの負担を軽減するための合理的配慮として普及が急速に進んでいます。通常の教科書と同じテキストを使用し，音声を聞きながらハイライト表示された文章を読むことができます。文字の大きさ・色・書体・背景の色の変更やルビ表示などができます。

　現在，文部科学省の委託事業により，以下の団体が，障害のある児童生徒向けの音声教材の製作と無償提供を行っています。特定非営利活動法人エッジ（音声教材BEAM），公益財団法人日本障害者リハビリテーション協会（マルチメディアデイジー教科書），東京大学先端科学技術研究センター（Access Reading），茨城大学（ペンでタッチすると読める音声付教科書），広島大学（文字・画像付き音声教材），愛媛大学（UNLOCK）。

◆算数・数学の学習支援

計算するのがむずかしい……計算アプリを活用

　タブレットの画面に計算式を手書き入力すると計算してくれるアプリがあります。これを活用すると，電卓を使わずに手元で簡単に確かめ算ができ，計算ミスの確認を自分ですることができます。

　計算が苦手な生徒は，小学生のころからの反復練習が足りていないために，数的事実（P73参照）が身についていない場合があります。家庭学習や自習用にゲーム感覚で取り組めるアプリを導入し，これを活用してくり返し練習するのも一つの手です。

図形や立体の理解がむずかしい……図形アプリ等の活用

　立体や図形の学習アプリを活用します。例えば，電子黒板を使って立体を回転表示させたり，説明動画を見たりすることで，断面図・展開図などがイメージしやすくなります。

　また，グラフを作るのに時間がかかる場合は，数式を入力すればグラフが自動作成されるアプリを使用する方法もあります。

　なお，計算障害のある生徒には，合理的配慮の観点から，授業やテストにおける電卓や計算アプリなどの使用を許可するなどの検討も必要になるでしょう。

第4章

学校生活全体の
充実をめざして

1

通級をどう説明するか

1 通級（通室）利用時の配慮のポイント

通級（通室）を利用する生徒の中には，積極的に利用しようという生徒もいれば，「なぜ自分がそのような場所に行かなくてはならないのか」という疑問を抱いたままの生徒もいます。利用者が「自分から学習したり，生活するためにもっと自信がもてる方法を学ぶために利用する」という前向きな考えになるよう，発想を転換させましょう。

ポイント 安心感をもてるように

マイナスな言い方で説明しない

それなら利用してみたいな

通級の利用目的について，「○○がうまくいかないから」「○○の行動を変容させるため」のように，マイナスの部分を改善するという説明になりやすいものです。「積極的に改善を一緒に考えてくれるところ」「勉強の仕方を一緒に探ってくれるところ」「長所を伸ばしていくところ」のように，前向きな説明の仕方をしましょう。

リスクを減らす

理科どこまで進んだかな

思春期の生徒にとって，通級（通室）に通うことは，どうしてもリスクを負うことになります。例えば，授業を抜ける不安，周囲の目が気になる，苦手なことに取り組まなければならない，通級（通室）することでエネルギーを使う，などです。可能なかぎりこのような不安や心配を減らすことを考えてあげましょう。

個別の指導計画

○○さんの学習計画

現行の学習指導要領では，通級を利用する生徒に個別の指導計画（詳しくは『通級指導教室と特別支援教室のアイデア 小学校編』参照）を作成することが義務づけられています。個別の指導計画を立てることを生徒にも説明し，安心感を与えましょう。実際に作成した計画を見せながら説明するのもよいでしょう。

合理的配慮

各都道府県によって若干の違いはありますが，診断を受けた生徒は，校内における合理的配慮を申し出ることができます。「学校でできるのは，これだけです」といった画一的な内容ではなく，授業を受けやすくする方法，本人のやりやすい方法，テストでも力を発揮しやすい方法を一緒に考えて実施しましょう。

2 クラスへの説明の重要性

教師の説明の仕方によって，通級（通室）する生徒への見方が差別的になるか理解が深まるかが変わってくるといっても過言ではありません。「勉強ができないから」「すぐ感情が爆発するから」というマイナスの視点で説明してしまえば，クラスの生徒もそのように受け止めます。個々の生徒を尊重する説明であれば本人も周囲も納得し，理解が進みます。

ポイント クラスの理解を深める

本人・保護者が望んでいる説明内容にする

はじめに確認することは，そもそも本人や保護者が，クラスの生徒への説明を望んでいるかどうかです。何もいわないでほしいという生徒もいます。必ず事前に確認して，「本人がどのように説明してほしいか」といった意向を聞きながら慎重に行いましょう。説明の仕方によっては，かえって居場所がなくなったり，からかいの元になりかねません。

誰もがある「得意・不得意」があることを伝える

中学生や高校生になると，「誰にでも得意・不得意がある。そのために学習がうまく進まないとしたら，つらい気持ちが分かるよね」という説明で，クラスの生徒はよく理解できます。得意な教科や苦手な教科がある，という例を出すと理解しやすいです。クラスの生徒が，自分に置き換えて相手の気持ちを理解できる身近な内容で説明します。

不安を取り除く

ぼくだけ別行動

通級（通室）する生徒が一番気にするのは，「自分がいない時に，周囲が何と言っているか」であり，そのことに多くのエネルギーを使います。生徒の話を聞き，できるだけ不安を取り除きましょう。授業を抜けることへの不安や，抜けた授業内容の補充，授業内容の記録と連絡方法などについては，サポートできることや方法を伝えます。クラスの生徒にも対応の仕方を具体例を用いて説明するのがよいでしょう。

本人の変容で理解が進む　―他の生徒がうらやましがるように―

静かな環境で個別に指導を受けることによって，次第に本人の情緒も安定してきます。そのような変化をみて，通級（通室）とは「改善を一緒に考えてくれる場」「勉強の仕方を一緒に探ってくれる場」「長所を伸ばしていく場」だと周囲が納得していきます。「自分も受けてみたいな」と思われるくらいになるとよいでしょう。

通級での指導を生かすために

1 在籍校の担任・保護者との連携

在籍校の担任や保護者との連携は，連絡帳や面談によって行われます。「連携はむずかしい」という声を聞きますが，伝える内容は，在籍級の担任を支援することであったり，保護者を安心させたりする内容であればよいのです。また，上手に連携をとることは，通級（通室）への理解にもつながります。

ポイント 連絡帳や面談で何を伝えるか

できることに注目する　―発想の転換―

よしこれならできる

あれもできない，これもできない，と嘆く在籍級の担任や保護者には，「できることに注目する」という発想に転換してもらいます。できることに取り組むことは，誰もが支援しやすく，生徒も担任も保護者も気持ちが楽になるものです。

連絡帳で指導内容を伝える　―通級から在籍級の担任へ―

明日の活動の参考にしよう

通級（通室）での専門的な指導内容をお知らせしますが，学級での生徒の支援やサポートの参考になるように，分かりやすく具体的に記載します。在籍校の担任の負担を考慮し，実践できる内容を伝えていくことがポイントです。

連絡帳で指導内容を伝える　―通級から保護者へ―

頑張ってるのね

通級（通室）での指導内容をお知らせすることで，保護者は我が子の努力や取組みの状況を知り，安心感を覚えます。連絡帳の内容をきっかけに，家庭でほめる機会が増えたり，サポートの参考になったりすることもあります。しかし，家庭でできることには限界がありますから，保護者の負担になることを要求しないようにしましょう。

四者面談　―指導内容や運営をオープンにする―

通級（通室）でどのような指導が行われているか明確でないと，在籍級の担任や保護者を不安にさせます。四者面談（通級の担任・在籍級の担任・本人・保護者）などで，顔を見ながら，支援やサポートの仕方，本人の意見の共有など，話合いを行います。外部からの適正な評価を受けるためにも閉鎖的にならないことが重要です。

2 自立へ向けての日常生活への支援

発達障害のある生徒がアルバイト先や就労先から解雇される場合の理由の中に「無断欠席」があります。自分の体調の悪さをどのように伝えたらよいか分からず、無断欠席をしてしまう例です。自立した生活を目指して、日ごろの体調管理とともに、電話の利用、金銭管理、規則正しい生活や、余暇活動について意識させていきます。

ポイント 自立した生活を目指す

体調管理と許可のとりかた

なんて言えばいいのかな

体調が悪くなっても、「頭が痛い」ことを何と表現してよいか分からない生徒がいます。自分の体の不具合を、様々な表現を使って言い表す練習をします。その際、体調の悪さを伝えるのと同時に許可を得る練習もします（例：頭がズキズキするので保健室へ行ってもよいですか、熱があるようなので体温を測ってよいですか、胃が痛くて食欲がありません、早退したいのですがよいでしょうか、など）。

電話の利用

電話の応対も、慣れていないとベルが鳴っても出られない場合があります。マニュアルを作成して通級（通室）で練習します（例：学校へ遅刻や欠席の連絡、友人へ宿題の確認、担任の先生へ面談の時間の確認など）。家族が留守の時に伝言メモのとり方を練習することも、就労した際の電話での応対につながります。

金銭管理

もらったお金をどのように管理するか、小さいころから、自分で「小遣い帳」などで管理していないと、お金の管理はすぐにはできるようになりません。持ち歩く時の財布に入れる金額、財布を入れる場所、カードや電子マネーの管理や使用の仕方、盗難にあった時の対応など、さまざまな状況から考えていきます。家事を手伝う対価としてお小遣いをもらう方法もよい練習でしょう。

余暇活動

スマホ中毒・ゲーム中毒になる生徒が多いなかで、ほかにも興味深いことや楽しめることがあることを学ばせていきます。海や山の自然、芸術や文化に触れる体験をすることが重要になります。スマホをもたない日を設けたり、家から出て散歩することで、スマホやゲームから解放される時間をつくります。

関係づくりと困難さの理解

1　教師と生徒の関係づくり

思春期・青年期の発達段階にある生徒たちは，依存と自立の葛藤のなかで，情緒的に不安定な状態にあるため，教師を戸惑わせることが多いです。また，他人に心を開こうとせず，自分の考えや思いを言葉で語るのが難しい年代です。教師と生徒の信頼関係が，教師の指導におけるすべての活動の土台となっていきます。

> **ポイント** よく観察し，言葉を交わして生徒を理解する

生徒個人との関係づくり

通室が始まった生徒は緊張や不安を抱えています。「この環境のなかで安心していていいんだ」という気持ちになれるよう，緊張に満ちた生徒の表情やしぐさを注意深く観察し，教室が生徒を包むような場になるための声かけを行っていきます。

声かけは，できるだけ軽く，必ずしも答えを必要としないものにします。日常生活のなかでも折にふれて，時には名前を呼びかけながら，根気よく声かけを続けていきます。

そのなかで，ポロッと一言，生徒の気持ちがこぼれる時があります。教師は敏感にそれを受け止めながら，日常のなかで生徒とのやり取りを続けていくと，いつのまにか無理のないかたちで，生徒が安心して気持ちを表せるような関係が築かれていくでしょう。

生徒が教師に見せている態度は，これまで生徒が周囲の人との間で築いてきた人間関係のもち方の一端を示しています。そこから生徒の課題を感じとれると今後の指導を考える上で大事な一歩となります。

集団との関わりの観点から，生徒の今を知る

生徒の仲間集団への入り方や関わり方，仲間とのコミュニケーションの交わし方からも，生徒の適応に関わる状況が読み取れます。

例えば，同じ「不登校」の生徒でも，仲間に一歩も近づかず固くなっている生徒もいれば，自分が不登校であることを忘れているのかと思うほど元気に友人と話す生徒もいます。また，虐待が長期に続いていて学校に来る足並みが日によって乱れがちな生徒もいます。

「いじめ」に関わる生徒にも，粗暴ぎみな生徒もいれば，過去にいじめられた経験から，人間不信になってうずくまりがちな生徒もいます。

生徒への指導では，表面的な問題を見据えながらも一人一人の生徒の言動を落ち着いて捉え，その生徒に「今，何が起こっているのか」「どんな心理状態にあるのか」という視点から冷静に捉えます。そしてその生徒が落ち着ける方向，伸びていく方向へと指導への着眼点を得ていきます。

2　問題の理解と指導に向けて

指導の開始にあたり，生徒の客観的な情報と生育過程，生じている課題とその経緯などを確認します。在籍校の担任をはじめとして教科担当，保護者や関係する外部機関からも情報を得られると，より的確なアセスメントとなります。また，校内委員会などでは，どのような経過で通級・通室が開始されたのか，導入の目的を把握しておくことが望まれます。

ポイント これまでの経緯を情報収集して理解を深める

指導開始に向けての確認事項

前所属学級からの情報収集	・個別の指導計画をめぐる経過，前所属校からの申し送り事項
当該校における経緯	・これまでの教師等の関わり，在籍級での指導上の課題等の内容（学級担任，生徒指導，管理職，スクールカウンセラー，スクールソーシャルワーカー，他機関など） ・在籍級における実態，問題と指導の経過，その時々の調子の変動の実状 ・個別の指導計画の経緯，通級指導教室・特別支援教室（以下，通級）に期待したい問題の内容（指導目標）
当該校における校内委員会	①生徒自身の客観的な状態像（アセスメント） ・診断名，問題となる行動など，生徒自身の全体像（その生徒自身がどういう子かという臨床像） ・通級・通室での指導への期待→指導の目標と内容など ②保護者との連携，家庭における養育，外部機関との連携経験，学校への期待と意向 ・通級・通室を開始することを保護者はどう感じているか，期待・不安など ③通級・通室での指導目標の設定と共通理解 ・専門家によるアセスメント，教師の生徒理解を踏まえた目標設定 ・生徒のコミュニケーションのあり方，行動・感情表現の仕方など，生徒の実態 ④全教員による学校全体の協力体制づくり（校長，特別支援教育コーディネーター） ・研修会，情報共有の方法の工夫，授業の公開，教科担当教師間の連携，障害理解 ・生徒を支援する校内の風土づくり，教育相談の活用
外部（関連機関）との連携	・専門機関（医療，教育，福祉等），生徒自身と関わる地域との連携
事例研討会	・入級・入室にいたる経緯と当面の指導目標と方法の確認，それぞれの立場での心理を整理する

生徒理解と教師の自己理解

1 生徒の立場に立った生徒理解

「発達障害」「不登校」「いじめ加害・被害」「緘黙」などと生徒の課題を聞くと，その生徒のことを理解しているような気持ちになりがちです。しかし，その生徒は「今」どんな気持ちでその課題と向き合っているのでしょうか。その生徒の「今」を教師が的確に感じ取ることから指導が始まります。生徒を"人間として理解すること"が，指導の鍵になります。

ポイント 生徒の内面を理解する

生徒自身の気づきに先んじた教師による気づきが重要

　人を避けておびえがちな生徒や，教えてくれるのを待っている生徒，「いつも自分ばかりが怒られる」と被害感が高まっている生徒など，様々な生徒がいます。ひとりひとりに多様な特徴や特性がみられますが，基本的にはどの生徒も，教師から手を差し伸べられるのを待っています。しかし，それを生徒自身は自覚しておらず，教師の問いかけ方によっては真反対に拒否を示したりします。生徒が自分自身で，「困っているのかいないのか」「自分は今どんなことを考えているのか」などに気づけるような支援が求められます。そのためには，教師自身が生徒の状態や気持ちを的確に捉えていることが重要です。

あの子
今日も外を
見ているな

生徒の感情表現とコミュニケーションの仕方，行動の様子をみる

　教師は，生徒が「友人や教師に自分の気持ちや思いを伝えられているか」を観察します。なかでも，「他者に自己を表現して動けているか」「他者からの語りかけをどのように受け止めているか」に注意します。このことは生徒が今後の人生を過ごすなかで，過度にストレスをため込まず，人として健全に成長をはかり，学習を適切に進めていく態勢の基本にも通じます。学習場面においても教師や友人との活発なコミュニケーションができると，学習の成果にもつながりやすくなります。

自分を知ることへの支えと，ヘルプを求める力

　自立が必要となる年代に差しかかるにあたって，自分を知り，自分の気持ちをどう表現して他者と折り合って生きていけるかが，今後の社会適応を考える上で重要です。自分に「できること」と「できないこと」，自分を含めた人の感情の動きを知ること，それを表現して人と交わるなかで自分の行動を考えることについて，日頃から考える機会を用意します。

　自立して社会で生きていく上で，困った時，自身の力で，第三者にヘルプを適切に出せるように，日常的な経験のなかでその力を育てる機会を多くもてるように支援します。

---

2 教師自身の指導への姿勢づくり

思春期・青年期という自己形成の葛藤状態にある生徒たちの行動は多様化・複雑化しています。そのような生徒との関係のなかで，あるいは同僚教師との関係のなかで，教師も人として自身が揺り動かされる経験をすることは自然なことです。自らが落ち着いて，一呼吸置いて自己内のバランスを認識し，力を蓄えることを大事にしたいものです。

ポイント 教師が自身を振り返るとき

発想の視点を変える

生徒がなかなか教師のいうことを聞かない時，指導を繰り返すなかで，教師自身が感情を平静に保てなくなることがあります。そのような時，「生徒は教師の言うことを『聞かない』のではなく，『聞けない』状態かもしれない」「素直に聞けない事情があるのだろう」「自分は生徒の心のつぶやきを聴く耳をもっていただろうか」と，生徒の背景や内面を理解しようとする姿勢をもつことで視点が変わります。

そうか
聞かないのではなく，
聞けないんだ！

自分のふるまいを客観的に振り返る

自分を客観視してみることもメンタルヘルスを平常に安定的に保つことにつながります。自分はどうして，このようにふるまったのだろうか。どんな感情からだったか。それは他者から見たらどうだろうか。他者に与える感情はどうだったか。相手の感じ方や気持ちを理解してふるまっていただろうか。自分のふるまい方を言葉で説明していただろうか。また，互いに努力しあう，成長していることの認めができていただろうか。これらのことを振り返るとよいでしょう。

自分の行動を
書いてみよう

自身の教育観や指導観と向き合う

生徒とのやりとりを通して，教師が自身の教育観や指導観，人間観を問われることがしばしばあります。自身の人間関係において感情的になってしまうことも，日常の学校生活のなかでは起こります。そのようなとき，「振り返る」ことができると，自分の言動を客観的に見て，自己をコントロールすることにつながります。

自分の言動を客観的にみるためには心の余裕や時間の余裕が必要です。

教師が自身の哲学や信念をもち，体験的研修なども経験して，「よく聞いて，そこから静かに説いていく」姿を目指したいものです。

ちょっと相談が
あるのですが

○○先生の
意見もきいて
みよう

〈参考：砥柄敬三　足立区教育委員会いじめ等問題対策委員会講義より　2020.12.〉

保護者との接し方

1 保護者への支援

思春期の生徒たちは学校であったことを家族に語らないことも多く，保護者には学校での様子が分かりにくいものです。保護者が安心して我が子を送り出せるようになることが生徒の落ち着きにつながります。学校がどのように生徒を受け止め指導しているか，教師にとっては当たり前のことでも保護者に丁寧に説明できているかを見直します。

ポイント 学校内の体制を，保護者に丁寧に説明する

保護者へのメッセージ：チェックリスト

以下のような方針や体制が保護者に適切に伝わっていますか？

＜通級・通室と在籍級の学校全体との位置づけや関係について＞

☐通級・通室での生徒の教育は，全教員が担当して行われています。

☐通級・通室と在籍学級担任は，日頃から緊密な連携のもと，共通理解を進めています。

☐通級・通室については，管理職の管理のもと，学校全体で連携をとって行われています。

☐校内委員会，特別支援教育コーディネーターが全校組織で中心になって運営されています。

☐学校には生徒や保護者の相談に乗る専門家がいて，希望に応じて活用できます。

☐ご希望に応じて，外部の専門機関や地域との連携も学校として行います。

＜通級指導教室の運営への理解について＞

☐在籍級と綿密な連携の上で，各々の目標を設定して指導します。

☐通級・通室への通い方について，具体的な進め方を生徒および保護者に伝えます。

☐通級・通室での学級運営について説明し，担任自身の考え方を話します。

☐教室としての行事や授業参観（保護者にも公開される機会）などについて説明します。

☐出欠席や生徒に関する日頃の連絡の仕方について，原則的なルールなどを伝えます。

☐保護者も関わる懇談会，保護者面談などの機会についての見通し等を説明します。

☐生徒が通級・通室しながら関わっている専門機関について伝えていただくと，希望に基づき連携も行います。注意事項や服薬等があれば共通理解をして，安全な指導を心がけます。

☐生徒の教育について，保護者は第一義的責任を有するものであることを，分かりやすく伝えます。

＜保護者同士の連携について＞

☐保護者の抱いている学校や通級・通室への疑問や希望を聴きます。

☐保護者同士の懇談，グループ協議などを行い，保護者同士が連携を深める機会をもちます。

☐違いを認め合い，互いに支え合う関係づくりを心がけている，通級・通室の雰囲気を伝えます。

2 基本は，保護者との関係づくりから

短い言葉のやりとりでも，入室に際しての話合いや，生徒の日常に関わる連絡，指導に関わるコミュニケーションをとることで，保護者は教師を身近に感じ信頼感が深まります。保護者のニーズや気持ちにアンテナを張り，生徒や家族の実状を踏まえた保護者との連携のあり方を探っていきます。

ポイント 日常から信頼を積み上げる

保護者との信頼関係づくりを振り返る：チェックリスト

保護者との関係づくりのために，以下のような取組みをしていますか？

＜日常的な運営の中で，生活を通した関係づくり＞
□気持ちのよい声かけ，名前を呼びかけなど，日頃の関係づくりをしていますか。
□生徒の体調など，日常の連絡に関する一定のルール（原則）をつくって伝えていますか。
□生徒の家での生活の様子や，保護者がどんなことに気をつかっているか，浮かびますか。
□生徒や家族に何かあった時，安心して話してもらえる関係が築かれていますか。
□その保護者の個別面談の希望や方法などについて，気持ちや考えを聞いてありますか。
＜通級・通室が，生徒の学習生活を後押ししていく関係づくり＞
□在籍級と通級・通室に，生徒は順調に取り組んで進めているか，尋ねていますか。
□学級の環境や教師に慣れたか，また，友人関係や学習の様子なども聞いていますか。
□通級・通室でみられた生徒の成長を，保護者にも時を逃さず伝えていますか。
□学習などへの不安や疑問に応えて，生徒への評価や工夫の仕方を伝えていますか。
＜保護者の生徒への関わりを育てる関係づくり＞
□生徒と，家や学校での日常の様子を語りあう，何気ない会話があるかを確認していますか。
□子どもを育てる上で保護者が苦労してきたことや大事にしてきたこと，将来のことで考えていることがあるかなどを，何気ない会話の中から感じ取っていますか。
□生徒の関わっている専門機関での様子について聞く機会があると，理解が深まります。
□教師が何か重要なことを伝えようとする時は，いったん，保護者の立場でその問題を聞くとどう捉えるだろうかと，一呼吸置いてでも考えようとしていますか。
　保護者の気持ちを捉えながら，学校として伝えることをゆっくり落ち着いて説明し，保護者の質問にも丁寧に応えて語り合います。
□保護者の抱える課題や困難によっては継続的な支援が必要です。保護者も教師も一人で抱えず，専門的な相談機関や地域の資源を活用できることが支援を助けます。保護者と語り合う前に情報収集を行い，基本的な情報提供やアドバイスに備えようとしていますか。

面談を活用した保護者の支援

1 個人面談の設定

個人面談では生徒の人間性がその成長過程まで含めて語られることもあり，生徒の生き方への視点を得て理解が深まることも多くあります。個人情報を他者と共有する必要が生じた場合，保護者および生徒本人の了承が必要です。生命の危機等におよぶ事態にあっては，状況に応じた判断を学校として行い，関係機関と連携することが重要です。

ポイント 個人面接を意義あるものにするために

有意義な話し合いにつながる，教師の基本的な姿勢

乳幼児期から思春期の現在まで，保護者は努力を重ね苦労を乗り越えて今に至っています。しかし，一般的に子どもは，親の願うとおりに育つものではありません。ぎりぎりのところで今の親子関係が成り立っていることも多くあります。不安と期待の入り混じった思いで，保護者は今ここに，教師と向かい合っています。教師はそれを念頭に置きながら，保護者のその気持ちを感じ，受けとめながら話すことで，保護者に受け入れられやすい話し合いができるでしょう。

個人面談を効果的に行う配慮と倫理

個人面談を経て得た情報は，成績評価と同様に個人情報であり，守秘の対象となるという認識を厳しく持つことが重要です。面接では，個別な関係の設定になるという側面に注意を払い，時間や場所，自身の立場などがあいまいになりがちな点を認識していることが必要です。生徒指導の必要上，ふいに設定された場面であっても，教師と保護者の「どちらから申し出て」「何を期待しての話し合いなのか」をあらかじめ認識しておきます。また，それが分からないまま始める場合でも，話し合いを通して相手の意向を確認して終了するようにします。また，面談を行う際は，以下の点に留意します。

- ・面談時間は30分を目安にし，それをあらかじめ保護者に告げてから開始します。
- ・状況によっては部屋の位置を校内で選んで工夫します。
- ・面接を実施することを管理職や関係する教員などに一言伝えて，公的な面談として実施していくことで安全が図られます。
- ・相手の話を「よく聴く」ということは，「言われるままに実行することではない」と理解していると，安心して聴くことができます。
- ・よく話を聴いた上で，学校として必要なことを伝えたり考えたりするよう心がけます。
- ・面接を通して保護者から「何を伝えられたか」を確認しておくのと同時に，教師自身が学校として「何を伝えたか」を記録に残しておくことも指導を積み重ねていく上で大変重要です。

2 開かれた保護者の姿勢を育てる

思春期の生徒の育て方の難しさは周知のところです。どんな指導が生徒の成長につながるのかを，教師と保護者が両者で探っていく努力も重要です。校内の様々な立場の教職員から積極的に情報収集を行い，生徒を多様な側面から理解して，保護者がその子どもの"もっている力"と"課題"の双方を認識し，サポートできるよう支援します。

ポイント 保護者を支え育てる

保護者が子どもを受け止めて，子どもの力を生かした考え方ができる

日頃から，生徒の成長を捉え，小さなことでも保護者に伝えることを意識します。伝えられた保護者の立場に立つと，教師が"見ていてくれる"という実感が伝わり，信頼感につながります。大きくなった子どもを育てるのは保護者にとっても難しいことです。教師の一言に，"そんなふうにも見ることができるんだ"と保護者は新たな視点を持ち，保護者から子どもへの言葉かけの変容にもつながります。普段から教科担当などとも連携を欠かさないようにして生徒の姿や捉え方について情報共有し，機会あるごとに成長の様子を伝えていくと，保護者の心が開かれ，家族のなかに子どもの存在感や肯定的な認識が広がって，子ども自身の自己肯定感の醸成につながっていく契機になります。

へぇ，こんなことできたんだ

あとでほめてあげなきゃ

保護者自身が支援を求める姿勢を育てる

保護者が本音でわが子のことを教師に率直に語る経験は，それまで苦悩を一人で抱え込んできた状態から，第三者に心を開いて相談する姿勢を育てていくことにつながります。話すことによって保護者も自身を振り返り，子どもを的確に捉えられるようになると，"相談することの意義"に気づきます。他者の力も得て保護者が我が子を適切に支援することは，生徒にとっても大きな力につながります。必要な知識を伝えることや，子どもの自立を協働で支援することを通して保護者を支え育てます。

保護者と生徒の意見の対立を解消する三者（四者）面接

生徒に，「何を訴えたいのか」「それはどんな気持ちからなのか」，まずは存分に聴いていきます。生徒は希望に基づいた将来のイメージが語れるでしょうか。保護者の考えの背景には，家族の課題や家業の継承などによる必要性，あるいは保護者自身の以前からの願望が含まれているかもしれません。生徒と保護者に，教師が一人あるいは複数で入る三者（四者）面接も一法です。双方とも，主張ができると心理的にも落ち着き納得しやすくなり，現実的な振り返りから歩み寄りを育てることが期待できます。

④ 進路選択の準備

1 教師自身による, 広い視野への関心や情報収集

学校では, 学習指導要領の改訂をはじめとして, デジタル化や感染症, 自然災害被災等, 予想を超えた変化への対応を常に迫られています。生徒が卒業後, 多様な事態に遭遇した時, 自身の行動の指針を得る視点を育てられるように, まずは教師が社会的状況への情報収集を心がけて広い視野をもち, 個々の生徒にふさわしい進路指導を行います。

ポイント 社会の実態と, 生徒の将来像をイメージして

改めて社会の現実を確認する

社会では多様な領域の機能が重なり合う事業が活発にみられるようになっています。学校領域にも, いじめや虐待などの問題発生を契機に, 心理, 社会福祉, 司法, 医療等の専門的人材が導入されるようになりました。

中高一貫校や高大連携では高度な教育への足掛かりを得る機会を提供し, 専修学校・高等学校連携, 専門職大学などでは産業との連携を前提として, 社会での就労を想定した進学としての進路が用意されています。社会ではインターンシップ制度を通した人事採用形式や, 終身雇用からジョブ型雇用の導入, AIなどデジタル化の展開も手伝って社会構造が大きく変化しつつあります。

教師が多様な情報収集を先んじて行う

進学, 就労, 就労に向けた障害福祉制度の活用等, 生徒のおもな進路となる領域ごとに有効な情報源がどこにあるか, 教師が予め把握しておきます。生徒自身による進路に関する情報収集や, 情報の読み込みを促す指導で力を発揮します。また, 地域の機関との連携や情報収集は, 職場体験や社会人との交流を促し, 生徒が進路について現実的な認識を深めることを促進します。

生徒自身の意思で選択する力を育てる

社会福祉領域では, 待っていて施される「措置」から, 自らの意志により得られる「福祉サービス」への理念の転換が行われました。自分から申し出て初めてニーズが取り挙げられる原則は, 今や社会の一般的な考え方として普遍化されつつあります。

生徒は, 義務教育を終えた後, 自身の責任で適切な情報を収集し, 意志を明確化して自分から発信し, サービスを獲得していくことが, 社会で生きる上で必須となります。"自分の意志を言語化して選択していくという意識を育てる機会"という意味でも進路選択の関門を重視したいものです。

2　進路意識を高める

人は自分のあり方や歩みに手ごたえや自信を感じた時，気持ちが高まり明日への意欲が高まります。生徒が自分に目を向け，自分を知り，気持ちが高まるような経験ができるよう支援したり，生徒自身が，「自分が」「こういう気持ちで」「これを選択した」と納得できるような道筋を実感できるよう支援することが重視されます。

ポイント　具体的な取組みを経験する機会の用意

「自立」に向けて，自分の判断で歩むことへの意識を育てる

中学卒業時に「義務教育をこれで終える」という自覚や，「卒業後は，自分の意志による選択と実行を重ねながら生きていくことが必要だ」という意識を生徒がもてるよう，教師は多様な機会を用意して自覚を促していきます。

うまくいかなかった時に，「教師（親）が勧めたから」と他者の責任にして不満や攻撃心をもつ姿勢が続くと，挫折や失敗から学ぶことができないままです。「自分が判断したんだ」という記憶があって初めて結果を引き受けられ，判断と結果を照らし合わせて，自分の行動や気持ちを振り返ることで，次の学びや発展につながります。

教師の言葉かけが，「自分に目を向ける」ことを育てる

生徒が日常的に自身の「気持ち」や「考え」を自分の言葉で語れるようになるには，教師からの見守りや語りかけが大事になります。教科指導のなかだけでなく，休み時間など日常の活動や会話でも気軽に明るく声をかけ，うなずき，その言動をとっている気持ちや考えを問いかけて，生徒が自分に目を向けることを支援します。

困った時のヘルプの出し方を育てる

生徒自身が，自分のもっている「力」や，自分には「できないこと」「困っていること」などを，自覚できるようになることは，自立にとって大事な基礎力になります。生徒が自分から，「困っています」「手を貸してください」「相談したいんですけど」など，他者に"ヘルプを出していいのだ"ということに気づけるよう，日常生活のなかでヘルプを出せる機会を極力用意します。「相談する」力をつけるということは，同時に「自分で考える力」も育てていくことになります。

現実社会との関わりと教師との会話

なかなか進路が決まらない生徒には，見学や情報収集など，現実の社会に触れる機会を多く持つよう配慮します。その生徒に見合った課題を出して，その都度報告を求め，振り返って感想を話し合う機会を持ちます。現実的，具体的な経験を通して考えることで，生徒は課題を身近に感じ，取り組みやすくなります。

見学してみてどうだった？

進路を具体的に考える

1 進路指導をめぐる生徒の理解と支援

進路指導は生徒を社会に送り出す関門ともいえ，その後の歩みを方向付ける重要な意義があります。通級・通室指導を通して得られた生徒自身の成長や，個別の教育支援計画を通した保護者の理解や意向も的確に反映できるよう，校内の様々な立場の教員や専門機関との連携のなかから得られる情報を重視した取組みを早期から行います。

ポイント 適切なアセスメントと，生徒の将来へのイメージづくり

アセスメントは，生徒理解を確かなものにする

生徒についてこれまで収集されていた資料や行動等の記録を通して，また，通級・通室でみられた成長への評価も加えて，的確なアセスメントを行い，確認します。

家族からの情報収集

個別の教育支援計画を通して，家族が生徒の状態やその特性をどのように捉えているか，進路についての考え方や希望を確認します。家族と生徒の進路希望に不一致があることが予想される場合には，三者面談の前に余裕をもって，保護者と生徒と教師が合同で懇談できると，本人や家族がそれぞれどんな思いをもっているかがみえてきます。双方の思いを聴いた上で，生徒の希望を親が理解して的確な判断が形成されるよう導きます。

教師間の共通理解とイメージの醸成が，生徒を育てる

教師同士やスクールカウンセラー，外部専門機関，保護者などと，情報や共通理解をもとに，その生徒の将来へのイメージを語り合ったことがあるでしょうか。様々な関係者とイメージを共有することで，的確な生徒理解やアセスメント，その生徒の心理状態など，多様な角度から生徒の将来をイメージして思い描くことができます。また，それは教師から生徒や保護者への豊かな語りかけにつながり，生徒が将来の自分を考えやすくなることにつながるでしょう。

生徒自身が将来をイメージするのを支援して，進路への認識を育てる

生徒に「自分の将来にどんなイメージを描けるか」「卒業後の生徒自身の生活をどのようにイメージしているか」などを問いかけ，生徒と一緒に掛け合いながら語り合い，イメージが膨らむのを支援します。生徒が，もっている「力」を自己評価し，特性などでどうしても受け入れられないことがあればそれを自覚し，自身の将来へのイメージを描けると，具体的な取組みにつながりやすくなります。話が膨らむなかで，生徒自身が考える進路への認識を育てます。

2　不登校傾向がみられる生徒への進路指導

　進学の時期には，不登校生徒にも「卒業したら自分はどうなってしまうのだろう」という漠然とした不安が高まっています。家族や生徒の実態をよく知る教師や，継続的に会っている相談担当者などと早期から連携し，生徒の今の状態をよく理解した上で，生徒が受け入れやすい指導のかたちをとって進路指導を行います。

ポイント　不登校の状態像の把握と，生徒の内的状態の理解

当該生徒の状態を知る人と連携する

　学校に行けないことで生徒は往々にして罪悪感を抱え，自己に否定的になっていることも多く，自分の将来の姿を描けない状態にあります。できる範囲で不登校の背景や継続期間における経過を知り，その生徒が今後どのような環境や場なら適応していけるのか，その後の成長の可能性も含めて考えていきます。その際，担任が一人で背負わず，その生徒の実態を分かっている家族や教師，生徒が関わっている専門機関の担当者などと連携しながらその生徒像を描き，受験の可否等も考慮して現実的な進路選択につなげていきます。不登校生徒の場合は，長期間にわたって関わりが続き，心を開いている相談担当者のような存在がいると動き出していく時の力になります。見立てや経過を伝えてもらうことが大切です。

　長期間休んでいても，生徒の心に微々たる変容がみられ，外界に向けて刺激を得ようとする姿がみられるようになってくることが最も多いのが進学学年です。実際，環境が変わったことを契機に自分らしく過ごして社会に適応していく生徒も多くいます。生徒の所属感は休んでいても学級にあり，学級担任からの語りかけを心のなかで待っています。連携のなかから生徒像やその心理的状態を捉え，進路指導につなげていくことが重要になります。

家族と，子どもの人間像について話し合う

　思春期の生徒の心のうちは家族も「分からない」と感じている例が多く，家の中での日常の行動の様子から親なりに推測したり把握したりしていることが多くあります。不登校初期には焦り混乱した家族も，長期におよぶと不安を抱えながらも日常の経過を受け入れて融和して過ごしていることが多いです。

　進路選択という関門にあって，あらためて家族と話し合うことで，家族とともに子どもの人間像への理解が深まります。未知の世界で自分らしさを発揮する機会として環境の転換を生かせるよう考え合うことが，家族にとってもあらためて子どもについて考える機会になり，卒業後の子どもの成長の支えにつながります。

参考文献一覧

1章1節

・文部科学省「平成30年度 通級による指導実施状況調査結果について」2018
https://www.mext.go.jp/content/20191220-mxt_tokubetu01-000003414-02.pdf
・国立特別支援教育総合研究所「おさえておきたい8つの課題と課題解決のための10のポイント」2018

1章3節

・上野一彦・松田修・小林玄・木下智子『日本版 WISC-Ⅳ による発達障害のアセスメント』日本文化科学社, 2015
・David Wechsler（日本版 WISC-Ⅳ 刊行委員会訳編）『日本版 WISC-Ⅳ 理論・解釈マニュアル』日本文化科学社, 2010
・David Wechsler（日本版 WAIS-Ⅳ 刊行委員会訳編）『日本版 WAIS-Ⅳ 理論・解釈マニュアル』日本文化科学社, 2018
・小野純平・小林玄・原伸生・東原文子・星井純子『日本版 KABC-Ⅱ による解釈の進め方と実践事例』丸善出版, 2017
・Kaufman A. S. &Kaufman N. L.（日本版 KABC-Ⅱ 制作委員会訳編）『日本版 KABC-Ⅱ マニュアル』丸善出版, 2013
・安住ゆう子『改訂新版子どもの発達が気になるときに読む心理検査入門』合同出版, 2019
・中村淳子・大川一郎・野原理恵・芹澤奈菜美（杉原一昭・杉原隆監修・財団法人田中教育研究所編集）『田中ビネー知能検査Ⅴ』田研出版, 2003
・宇野彰・春原則子・金子真人・Taeko N. Wydell『改訂版標準読み書きスクリーニング検査：正確性と流暢性の評価』インテルナ出版, 2017
・村田美和・平林ルミ・河野俊寛・仲邑賢龍『URAWSS-EnglishVocabulary 中学生の英単語の読み書きの理解』株式会社 atacLab, 2017
・平林ルミ・河野俊寛・仲邑賢龍『URAWSS-Reading and Writing Skills of Schoolchildren Ⅱ 小中学生の読み書きの理解』株式会社 atacLab, 2017
・Sara S. Sparrow & Domenic V. & Cicchetti David A. Balla（辻井正次・村上隆 日本版監修）『日本版 Vineland-Ⅱ 適応行動尺度マニュアル』日本文化科学社, 2014
・上野一彦・名越斉子・旭出学園教育研究所『S-M 社会生活能力検査 第3版 手引き』日本文化科学社, 2016
・Jack A. Naglieri J. P. Dass（前川久男・中山健・岡崎慎治日本版制作）『日本版 DN-CAS 認知評価システム 理論と解釈のためのハンドブック』日本文化科学社, 2007
・奥村智人・三浦朋子（竹田契一監修, 中山幸夫企画製作監修）『「見る力」を育てるビジョン・アセスメント WAVES』学研, 2014

2章1節

・Best J. R. & Miller P. H. "A developmental perspective on executive function." *Child Development*, 81, pp.1641-1660, 2010
・熊澤綾・後藤隆章・雲井未歓・小池敏英「ひらがな文の読み障害をともなう LD 児における漢字単語の読みの特徴：漢字単語の属性効果に基づく検討」特殊教育学研究49, pp.117-126, 2011
・Mekalu, M. "Developmental properties of risk factors causing literacy difficulties in English and Japanese" *Japanese Journal of Special Education Research*, 5, pp.35-47, 2017
・銘苅実土・中知華穂・後藤隆章・赤塚めぐみ・大関浩仁・小池敏英「中学生における英単語の綴り習得困難のリスク要因に関する研究：綴りの基礎スキルテストと言語性ワーキングメモリテストの低成績に基づく検討」特殊教育学研究53, pp.15-24, 2015

・文部科学省「令和元年度 通級による指導実施状況調査結果について」2019
　https://www.mext.go.jp/content/20200317-mxt_tokubetu01-000005538-02.pdf

2章2節
・片桐重男『名著復刻　数学的な考え方の具体化：数学的な考え方・態度とその指導①』明治図書出版，
　2017
・熊谷恵子・山本ゆう『通常学級で役立つ　算数障害の理解と指導法』学研プラス，2018

2章3節
・Wydell, T. N. & Butterworth, B. "A Case Study of an English-Japanese Bilingual with Monolingual
　Dyslexia" *Cognition*, 70, pp. 273-305, 1999
・Wong, Kimberly "Deficient letter shape knowledge and awareness despite massive visual
　experience" *Journal of Experimental Psychology*, Human Perception & Performance, 2018

2章4節
・斎藤富由起「小学校における身体性を重視した SST の展開：第三世代のボディワーク論の観点から」，
　国際経営・文化研究，VOL.19, No.1, pp.147-153, 2015　国際コミュニケーション学会，2015
・上條晴夫『授業をぐ～んと面白くする中学国語学習ゲーム集』学事出版，2004

3章1節
・奥村智人 , 若宮英司『学習につまずく子どもの見る力：視力がよいのに見る力が弱い原因とその支援』
　明治図書出版，2010
・ヘレン・アーレン（熊谷恵子・稲葉七海・尾形雅徳訳，熊谷恵子監訳）『アーレンシンドローム：「色
　を通して読む」光の感受性障害の理解と対応』金子書房，2013
・Yuill, N. & Oakhill, J. "Children's problems in test comprehension." *Cambridge University Press*,
　Cambridge, 1991
・小池敏英，窪島務，雲井未歓『LD 児のためのひらがな・漢字支援：個別支援に生かす書字教材』あ
　いり出版，2004
・岩田誠，河村満『神経文字学：読み書きの神経科学』医学書院，2007

3章2節
・American Psychiatric Association（高橋三郎・大野裕監訳，日本精神神経学会日本語版用語監修）
　『DSM-5 精神疾患の診断・統計マニュアル　第 5 版』2014
・船曳康子『MSPA（発達障害の要支援度評価尺度）の理解と活用』勁草書房，2018

コラム
・宮城教育大学「発達障害のある子供たちのための ICT 活用ハンドブック通級指導教室編（文部科学省
　調査研究委託事業)」2014
・筑波大学「発達障害のある子供たちのための ICT 活用ハンドブック通常の学級編（文部科学省調査研
　究委託事業)」2014
・中邑賢龍，近藤武夫『発達障害の子を育てる本　スマホ・タブレット活用編』講談社，2019

執筆者紹介（掲載順）

笹森　洋樹　　国立特別支援教育総合研究所発達障害教育推進センター上席総括研究員
ささもり・ひろき　　1章1節

日野　久美子　元佐賀大学大学院学校教育学研究科教授
ひの・くみこ　　1章2節

安住　ゆう子　NPO法人フトゥーロLD発達相談センターかながわ所長
あずみ・ゆうこ　　1章3節

中　知華穂　　NPO法人ぴゅあ・さぽーと
なか・ちかほ　　2章1節（p.44〜46共著）

銘苅　実土　　帝京大学教育学部初等教育学科講師
めかる・みと　　2章1節（p.44〜46共著）

小池　敏英　　尚絅学院大学教育部門特任教授
こいけ・としひで　　2章1節（p.44〜46共著）

岩間　真知子　元東京都公立中学校国語科教諭
いわま・まちこ　　2章1節（p.47〜49, p.54〜55, p.58〜60, p62, p65, p.68〜70）

根本　喜代江　元東京都公立中学校国語科教諭
ねもと・きよえ　　2章1節（p.50〜53, p.56〜57, p.61, p.63〜64, p.66〜67, p.71）

熊谷　恵子　　筑波大学人間系教授
くまがい・けいこ　　2章2節（p.72〜75）

月森　久江　　東京都杉並区立済美教育センター指導教授
つきもり・ひさえ　　2章2節（p.76〜79），4章1節

佐藤　弘太郎　東京都杉並区立高井戸中学校主幹教諭
さとう・こうたろう　　2章2節（p.80〜93）

飯島　睦美　　群馬大学教授・大学教育センター外国語教育部会長
いいじま・むつみ　　2章3節

佐藤　数彦　　東京都杉並区立中瀬中学校主任教諭
さとう・かずひこ　　2章4節（p.124〜126, p.130共著, p.131〜132）

伊藤　一美　東京都杉並区立中瀬中学校指導教諭
いとう・かずみ　2章4節（p.127, p.128共著, p.129）

土屋　充子　東京都杉並区立中瀬中学校特別支援教室専門員
つちや・みちこ　2章4節（p.128共著, p.130共著, p.133）

奥村　智人　大阪医科薬科大学小児高次脳機能研究所・LDセンター オプトメトリスト
おくむら・ともひと　3章1節（共著）

竹下　盛　大阪医科薬科大学LDセンター 言語聴覚士
たけした・たかし　3章1節（共著）

本田　秀夫　信州大学医学部子どものこころの発達医学教室教授
ほんだ・ひでお　3章2節

福田　真也　あつぎ心療クリニック・明治大学学生相談室 精神科産業医
ふくだ・しんや　3章3節

岡本　淳子　三田心理臨床研究所所長・元立正大学心理学部教授
おかもと・じゅんこ　4章2〜4節

2021年11月現在

編者紹介

月森 久江 つきもり・ひさえ

東京都杉並区立済美教育センター指導教授。早稲田大学大学院教職研究科非常勤講師を兼任。前杉並区立中瀬中学校通級指導学級担当。日本女子体育大学体育学部卒業。公立中学校（通常）で保健体育科の教師として教鞭をとる傍ら，教育相談（都研上級スクールカウンセラー研修修了）やLD（学習障害）についての研修や研究を重ねてきた。現在，日本LD学会認定の特別支援教育士スーパーバイザー，日本教育カウンセラー協会認定上級教育カウンセラーとガイダンスカウンセラーである。文部科学省「小・中学校におけるLD・ADHD・高機能自閉症への教育支援体制の整備のためのガイドライン（試案）」策定協力者として特別支援教育コーディネーター部門担当リーダーを務める。第40回博報賞特別支援教育部門の個人賞，ならびに文部科学大臣奨励賞受賞。

おもな著書に，『教室でできる特別支援教育のアイデア172小学校編』『同　Pert 2小学校編』『同　中学校編』（編）図書文化，『LD・ADHDの子どもを育てる本』『発達障害がある子どもを育てる本中学生編』『発達障害がある子どもの進路選択ハンドブック』（監）講談社，『発達障害がある子へのサポート実例集』（共著）ナツメ社，ほか多数。

シリーズ　教室で行う特別支援教育10

通級指導教室と特別支援教室の指導のアイデア 中学校・高等学校編

2022年1月20日　初版第1刷発行［検印省略］

編集者　月森久江©
発行人　則岡秀卓
発行所　株式会社 図書文化社
　　　　〒112-0012　東京都文京区大塚1-4-15
　　　　TEL 03-3943-2511　FAX 03-3943-2519
　　　　http://www.toshobunka.co.jp/
カバーデザイン　本永惠子デザイン室
イラスト　松永えりか（フェニックス）
ＤＴＰ　株式会社 Sun Fuerza
印刷所　株式会社 Sun Fuerza
製本所　株式会社 村上製本所